リリアン・トゥーの
モダン風水

TIPS FOR HAPPINESS, WEALTH, AND SUCCESS

著 リリアン・トゥー
訳 田中道明

Octave

～ *Message from Lillian Too* ～

このたびは、本書を日本で出版できることになり、大変うれしく光栄に思います。

風水は何千年もの歴史を持つ伝統ある学問ですが、本書は、それを現代生活にマッチした「モダン風水」に変え、皆さまが日常生活の中で、手軽にすぐ取り入れられるものとしてご紹介したことで、英語版の読者の皆さまから高い評価をいただき、多くの方々にお読みいただくことができました。どの項目も、できるだけ簡単で効果の高いものに絞ってご紹介しています。日本の皆さまも本書を楽しみながら、自分に合った風水を取り入れてみていただけたらと思います。

本書は、前から順に読んでいただいても、ランダムに開いて、あるいは、気になる項目からお読みいただいても結構です。

第1章ホームでは、家内安全、家族・夫婦円満、家族の健康、成功運、結婚運アップなど、家庭に幸運をもたらす風水に焦点を絞ってご紹介しています。邪気を弱め、タブーによる危険から家を守る一方で、今ある幸運をさらに高める方法についてです。

第２章オフィスに掲載したのは、オフィスで簡単に取り入れられ、かつ、効果のある風水です。キャリアアップや昇進、ビジネスチャンスを逃さない方法、ゴシップなどに惑わされない、調和と落ち着きある職場環境の整え方などをご紹介しています。

第３章はガーデンです。庭というのは、家と同様に皆さんを取り巻くスペースとして、風水では大変重要視されています。本書では、都会に住む人々のために、庭だけでなくベランダや屋内庭園のガーデニングの秘訣も併載しています。家に幸運と富を運び、悪気から家を守るための、ガーデニングのコツと心がけていただきたいことをまとめています。

風水は私に多くのビジネスでの成功をもたらし、たくさんの幸運を運んでくれました。本書でご紹介した風水の秘訣が、皆さまのお役に立ちますように。皆さまにたくさんの幸運と富と成功がもたらされんことを、そして、愛と笑いある生活が訪れんことをお祈りいたします。

愛をこめて
リリアン・トゥー

第1章
ホーム

1 風水の考え方を学び、育《はぐく》みましょう

玄関、壁の色を意識し、イキイキとした植物を置くなど、家のあらゆる場所に「第２の自然」を作りあげましょう。疲れやエネルギーの滞《とどこお》りがないか、常に意識するようにしてください。コンパスで方位を測る癖をつけ、それぞれの方角にどういう意味があるのかを学んでいきます。そうすれば、あなたも風水の力を取り入れられるようになるでしょう。

2 四神の守りを手に入れる

不運から家を守るには、家の周りに「四神」（p.183参照）の思想を取り入れるといいでしょう。昔ながらの地形では、四神はたいてい家の回りの丘などで代用できました。現代の都市環境では、周りの建物で代用します。家の背後に「黒亀」たる小高い地形か高い建物があると吉。家の内側に向かって右側の「龍」は、左側の「虎」よりも高く。「鳳凰《ほうおう》」で現される正面は、明るく開けた場所であるべきです。もし家の前に川が流れていれば、さらなる繁栄をもたらすといわれる翡《ひ》翠《すい》帯の役割を果たしてくれます。

守護神を飾り、そのパワーを家に取り込む

3

都心のマンションに住んでいるなど、外側の建物の風水効果が得られにくい環境にいる場合、家の四方にそれぞれの守護神を飾ることで、四神の守りを築くことができます。北には亀、東には龍、西には虎、南に鳳凰の像を飾りましょう（p.183 参照）。

陰陽バランスが宇宙の良気をもたらす

4

光と影、照明や色の明暗、にぎやかな場所と静かな場所など、自分の家の中の陰陽のバランスをうまく保つ工夫をしましょう。そうすれば、陰陽バランスが明確になり、幸運が引き寄せられ、調和のとれたいい環境が整います。

家の外を流れる悪い気をそらす

5

あなたの家に邪気や殺気を送ってくるような、風水的によくない建物があったら、そらすか、防御するか、家の中から見えなくなるように工夫すべきです。悪い気を発するものでも、たいていは見えない状態になれば悪い影響はなくなります。

6 建物の尖《とが》った部分が家に当たらないように

外の建物の尖った部分があなたの家の方に向いているときは、家の中からそれが視界に入らないようにします。一番いいのは壁でその悪い気を防ぐことですが、それができなくても何とかして視界から消す工夫をしましょう。クリエイティブになることが大切です。

7 直線道路の邪気《じゃき》を防ぐ

ご存知の方も多いかもしれませんが、住んでいる家やマンションに向って直接直角に走りこんでくる道は、もっとも悪い気の源《みなもと》です。家に向かってくる大きな道路は必ず有害になるので、それをブロックするか、負の力をなくすための対抗策を使いましょう。道路が北、南西もしくは北東から向かってくるときは、生垣でブロックします。北西か西のときは、正面のドアに明るいライトをつけます。東か南東のときは、正面のドアに金属の風鈴をつりさげます。南からなら、噴水の池を造るなどして防御しましょう。

三角屋根の悪気《あっき》をはね返す

8

三角屋根の家は、住む人に病気や散財などの不幸をもたらします。ですから、できれば風水上問題のあるこのような家を、借りたり買ったりしないほうが賢明です。もう住んでしまっているなら、三角屋根の悪気をそらすために玄関ドアの上などに鏡をつけるとよいでしょう。

9 エレメント改善法で外からの毒矢を跳ね返そう

毒矢によりもたされる物質的災い（目に見えるものからの風水の悪影響）を制するには、ファイブエレメンツ（五行・5つの要因）の破壊サイクル、相克《そうこく》を使うのが一番です。まずは害のある建物の方角のエレメントを調べ、それに対抗するエレメントを使います。南は火の方角なので、水を壷に入れておくなどして、害のある方角のエレメントを葬るのです。火は金属を破壊し、金属は木を、木は土を、土は水を、水は火をそれぞれ葬ります。これはちょうど下の図のような五点星の形になります。

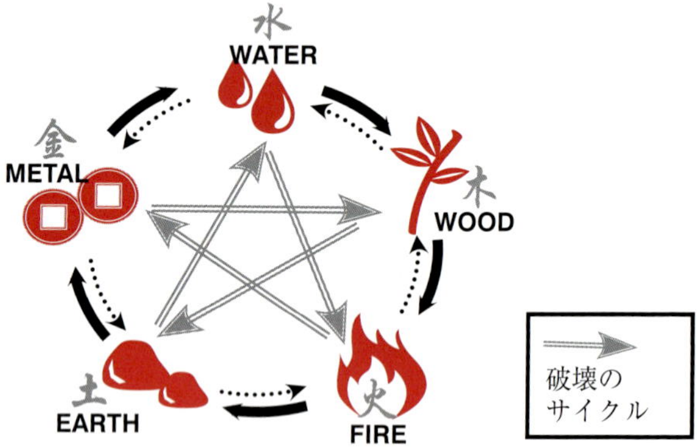

家の前にある池は幸運を増大させる

10

どんな池や水のもの注) でも、それが玄関に直接面する位置にあると、家族の繁栄や資産増大にとても効果があります。水が流れるように見える入れ物や水槽など、どんなに小さいものでも風水では十分にあなたの富を高めるのに効果的です。

注）水のもの：水を入れた器や水が流れる仕掛けがしてあるもの。池、プール、ししおどし、水鉢、水槽など。

11 玄関の右側には水を置かない

水のものを置くとき、置き場所に注意する必要があります。庭の池や水槽など水にまつわるものを入口の右側（外に向かって）に置くと、その家の男性が誠実でなくなり、浮気をするようなこともあるので気をつけましょう。

12 プールは北東に造らない

風水のピリオド８（2004年～2024年）に当たる現在は、北東は山が支配する方角です。その方角に水があると、山は住人に病気や不幸をもたらしながら水の中に沈んでいくといわれています。ピリオド８の期間中は、北東にプールや池を造るのをやめましょう。

13 南西の水でいつまでも裕福に

ピリオド８の期間中、南西は大事な方角です。その場所で地面から水が湧き出ると巨万の富がもたらされるといわれています。マンション住まいの人は、リビングの南西の位置に浅めの容器とポンプで、床から水が湧き出て見えるような装置を作ってみてください。

流れをカーブさせて優しい気を

14

幸運をもたらしてくれるよいエネルギーは、いつも曲がりくねった流れのなかを動いているのです。だから家具の配置や部屋への入口を工夫して、家の中の流れに変化をつけてみましょう。エネルギーの流れをまっすぐにしてはいけません。

家の入口を大切にして豊かに

15

玄関のドアはその家の「口」です。余計なものは片づけ、いつもきれいにしておきましょう。家が安全になり、家の強さも感じられるようになります。さらに玄関の内側と外側にちょっとしたスペースを作れば、大切な場所によい風水がもたらされるようにできます。

玄関の内側に片づいた広い空間を確保しよう

16

玄関を入ったところに、玄関ホールや居心地よさそうな広い空間があると、よい運気がいっそう高まって、まるで磁石に吸い寄せられるかのように家に入るようになります。

17
ロビーの陽の気で強い生命力を

玄関にロビーのような広い場所があると、たくさんの陽の気が満ちていつも活気にあふれるようになります。壁は明るい色にしていつもきれいにしておきましょう。

18
玄関のドアを負のエネルギーから守る

玄関のドアは、内側も外側も、鋭く尖った物に面することがないようにしておきましょう。家具の角や柱、植物のトゲ、あるいは、高架など、負のエネルギーの要因があったら、ドアの近くにライオンや狛犬《こまいぬ》などの魔よけとなるものを置くといいでしょう。

19
父親の吉方は「北西」

風水では家の中の北西が父親の区画です。ここにファイブエレメンツの北西のエレメントである「土」のものを置けば、金のエネルギーを高めるので、父親の成功や出世など、家長運が高まります。

玄関には明るいライトを

20

玄関の内と外に明るい素敵なライトを取りつけましょう。青白く見える蛍光灯ではなく、あたたかみのある白熱灯のようなライトにしてください。そして毎晩少なくとも数時間はライトを灯しておくと、家が活気に満ちてきます。

玄関の真上にトイレを作らない

21

トイレの真下に玄関のドアがあるような家はおすすめできません。玄関か上階のトイレの位置を変えましょう。こういった問題のある家やアパートに住んでいる人は、たいてい不運に見舞われています。

水の流れに５つの色を

22

水の流れは金運を現します。これをファイブエレメンツの色である赤、黄、緑、青、白のライトで照らすと、水の力が増して、さらに大きな効果が現れます。ささやかなものでもいいので、水のものにこの五色の光をあててみてください。

23

明るいホールはよい気がたまる

玄関の外側に広くてきれいな空間があるのは、とてもよい風水です。家の中に入る前に、ここでゆっくりよい気をためることができるのです。だから玄関が広場や遊び場などに面している家は、よい運気に満ちた家だといわれています。

富をもたらす方角の運を高める

24

南東に水のものを置いてこの方角の幸運を高めれば、あなたの富と財産が増えるでしょう。玄関のドアの対角に、繁栄を招く器を置きましょう。その器をインゴット（昔のお金や金の延べ棒などをモチーフに、金属で作った鋳塊。p.105 参照）やお金でいっぱいにすれば、あなたの財産運をいっそう強力なものにすることができます。

玄関をより力強いものに

25

玄関ドアの重要性を認識し大切にすることは、家族の大きな成功につながります。ドアを大きくて頑丈なものにし、力強く見えるようにしましょう。こうすることで、力強い気が家の中に引き寄せられるのです。堅固なドアは、逆境にあっても力強く守ってくれます。

26 母親の吉方は「南西」

南西は家の中でもっとも重要な方位のひとつです。南西を明るくきれいにしておくことで母親の運が高まり、家族が仲よく過ごすことができます。

27 北東の山の気は人の善意をもたらす

北東のシンボルは山ですが、8の期間である現在、北東の方角はとても重要な場所になります。そこに山の絵を掛ければ健康運が増して人間関係が良好になり、人からの好意も得られるようになります。

28 家に向かって流れる水パワーで財運アップ

庭や家の近くに水のものがあるのはとてもいいことです。その水がまるで家の中に流れ込んでいるように見えると、収入が増えて金運がアップするでしょう。

鋭い物の害を無効に

29

角や棚などの尖っている部分がむき出しになっていないか、家の中を点検してみましょう。見つけたらサンドペーパーやペンキで丸みをつけて滑らかにします。こうするだけで、どんなに有害なエネルギーが家の中に隠れていても、十分に押さえ込むことができます。

梁《はり》から発する殺気の下には座らない

30

天井が全面平らなら、梁から発する殺気にさらされなくてすみます。しかし、梁から発する殺気のある部屋では、絶対にその真下に座らないようにしましょう。

仲むつまじい家族写真は家族を守る

31

居間や家の中心になる部屋の壁に、幸せそうな家族写真を掛けるといいことに恵まれます。ぜひ心がけてみてください。家族全員がそろっていて、みんな幸せそうに微笑んでいる写真。これで家族の安全と安泰がずっと守られます。

32 ピーチブロッサムクロスで結婚運上昇

家族に独身者がいて、結婚運を高めたいときは、リビングもしくはダイニングルームの四方に動物の置物を置いて、「ピーチブロッサムクロス」を試してください。よい結婚運をもたらしてくれます。四方に置く動物は、北にねずみ、南に馬、西にとり、東にうさぎです。東西南北の４方向にそれぞれの動物がある形をクロスといっています。

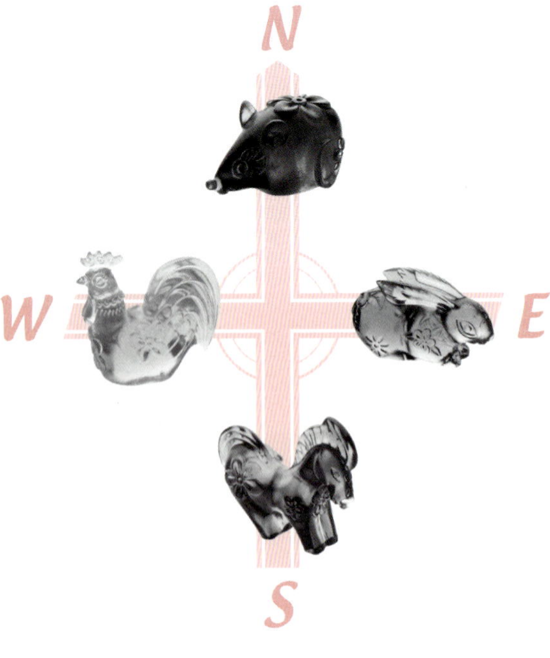

33

百羽の鳥でいつもグッドニュースを

風水では、鳥はいいことをもたらしてくれる幸運の印とされています。百羽の鳥がいれば、いつもいい知らせを引き寄せてくれると考えられています。ですから、たくさんの鳥の絵や写真を集めて、居間の南の壁に掛けておくとよいでしょう。鳥はまた昇進のチャンスも引き寄せてくれます。

34

フードッグ（Fu Dogs）で悪気をシャットアウト

玄関の脇に一対のフードッグを置いておくと、家の中に入り込もうとする悪気から家を守ってくれます。悪い奴（たとえば不法侵入者など）がだれも入ってこないようにするために、あなたのフードッグを道教の指導者に清めてもらうのもいいでしょう。赤いリボンを巻けばフードッグの幸運を高めることができます。

35 突きでた部分の角に注意！

一本柱や外側に突きでた角は尖った部分を持っています。それは目に見えないけれど、有害なエネルギーの源になります。家にこのような不幸の原因になるものがあるときは、カモフラージュのために植物や飾り物を置く、鏡で囲むなどの工夫をしてみましょう。その尖った部分をやわらげることができれば、何でも大丈夫です。

36 ライムを搾《しぼ》って悩みの種を取り除いて

もし自分に不運が続いていると感じているなら、風水の解決法を試してみてください。新鮮なライムをふたつ手に入れて、ライムが自分の悩みの種を吸収してくれていると念じながら、左右交互に手で10分間絞ってください。その後、大きな川か排水溝を見つけてライムを上手投げで投げ捨てること。そして振り返らずにその場を立ち去ってください。

コンロやオーブンは北西に置かない

37

北西は、家長の運を司る特別大切な方角で、天国の門ともいわれます。その位置にコンロやオーブンなどのあるキッチンを置くのは天国の門に火をつけることになり、家族に不幸を招くことになります。

38 家の裏は正面よりも高く

家の裏手を正面より高くすると、家が周囲に抱かれてあやされてる感じになり、バランスのとれた状態になります。もし裏手の方が低いときは、背の高い木を植えたり照明でライトアップしましょう。

39 困難は焼き払いましょう

もしあなたが困難に見舞われたら、その主要な問題を紙に書き出し、庭の南側でその紙を焼き払ってください。そうすれば、気持ちが強くなり、困難は煙とともに消えていきます。

40 「速く泳ぐ魚」は仕事運をもたらします

家族に仕事を始めたばかりの若者がいる家なら、速く泳ぐ魚をたくさん入れた水槽を、リビングの北側の壁に沿って置きましょう。よいチャンスに恵まれるなど仕事運が強まります。

BGMで居間の運を高める

41

音楽は、陽の気の強力な源になります。ラジオで好みの音楽番組を聴いたりBGMを流したりしていると、一日中陽の気が引き寄せられます。マンション住まいで、夫婦共働きで日中留守になる家庭には特にいいでしょう。陰の気を寄せ付けない方法としても有効です。

北西の風鈴はよき友を招く

42

家の中で北西の位置は、人生に影響力をもつ力強い指導者を招く力があります。もっと幸運を高めるために、家の中の北西の位置か居間に6ロッドの全金属製の風鈴（p.52参照）をかけてみましょう。

8つの方角とファイブエレメンツを心に留めて

43

南は火、北は水、東と南東は木、西と北西は金属、南西と北東は土と、方角とエレメンツには関係があることを覚えておいてください。負の運気に打ち勝つには相克の考えを使います。南からの負には火を消す水、東からなら金属の風鈴を使うというやり方です。

44

お金を積んだ帆船が金運を招く

帆船は風と水から金運をもたらすと信じられています。家に金運を呼ぶ込むために、低いテーブルの上に、木製か金属製の船を、幸運の方角から家の中へ航行してきたような向きに置きましょう。帆船には、本物のお金やインゴット、コインのような幸運の物をあふれんばかりに積んでください。

ダイニングの壁に鏡

45

テーブルの上の食事が鏡に映って倍に見えるように、鏡をかけましょう。これはとても簡単な方法ですが、家族の財産を守り裕福でいつづける、風水ではとても有効な方法です。

HOME

46 円形のソファで居心地のいい居間を

居間はお客様をもてなす場であり、家族のくつろぎの場でもあります。その居間に円形のソファを置くことをおすすめします。対人関係を好転させて、調和のとれた環境にすることができます。

47 南を明るくして名声を

風水では家族、とりわけ両親の名声や名誉に関することが重視されてきました。このことを尊重して、家の南の角は常に明るく照らしてきれいにしておくことをいつも最優先にしてください。

48 落ちつける椅子が安らぎとバランスに富んだ人生をもたらす

家具を買うときはよく考えて選ぶことをおすすめします。居間にはいつも快適で落ち着いた感じの椅子をおきましょう。座り心地のいい肘掛け椅子ほど風水の力が増し、年齢を重ねていくにつれ、人生を好転させてくれるはずです。

暖炉は南西か北東がベスト

49

家に暖炉があるなら、とくにその位置に気をつけましょう。北西は厳禁です。理想的な位置は南西か北東で、南西なら家族の仲はよくなり、北東なら息子にいいことがあるでしょう。

家に毎年新しいものを加える

50

財産の増大を象徴し、家に毎年ひとつは新しくて価値のあるものを加えるようにします。美術品や装飾品、家具などがいいでしょう。それと同時に、ひとつは取り除き、倉庫かどこかに移してしまいます。こうすることで、エネルギーに再び活気が与えられます。

東方に３つの山の頂を創る

51

これは簡単にできて、幸運をもたらすおめでたい「景色」です。壁に山の絵を掛けるか、3つの頂上に見えるようなデザインをすればいいのです。こうすることで長男に幸運が訪れ、特に政治的な運に恵まれるようになるでしょう。

52 家具の移動で家が再び生き生き

家にもう一度エネルギーを満たしたり「家運」を好転させたいときは、家具を移動させるのが一番いい方法です。私も毎年居間の配置を変えたり、時には思い切って部屋を一新したりします。こうやってエネルギーを動かすとたえず陽の気が生じ、さらにそれを停滞させないようにする効果もあります。

53 丸い食卓は家族の調和をもたらす

円形は善意や相互理解につながります。ですから、中国人は四角いテーブルよりも丸いテーブルを好むのです。もし家族が助け合うことを望むなら、円形の食卓を取り入れましょう。そうすれば、家族が天からのエネルギーの恩恵に浴することができるようになるでしょう。

資産を増やしたいなら南東に「富の壷《つぼ》」を

54

資産家の家の土やお金持ちがポケットに入れていたお金と一緒に、本物のお金や宝石を壷に入れて「富の壷」を作りましょう。その壷の口を5色（赤、白、黄、緑、青）の布で覆い、ひもで縛って封印し、ベッドルームの南東に置くのです。そうすれば、財産価値が上がったり資産が増えたりします！

55 西方に赤ちゃんの写真を飾って子宝運アップ

子宝に恵まれない人や子孫繁栄の運を高めたいと願う人は、西側の壁にかわいい赤ん坊の写真を貼り、その下にピンクのクリスタルのハスを置いてみましょう。そこに光を当てればさらに効果があがります。

クリスタルで家の中に太陽の光を

56

小さいカットの入ったクリスタルボールを、東か西の窓に吊り下げましょう。朝か夕方、クリスタルを通して入り込んだ太陽の光で虹の矢が描かれるように。差し込む太陽の光は信じられないぐらいの幸運となり、住んでいる人にすばらしい新しいチャンスをもたらしてくれるでしょう。朝の虹の方がより大きな幸運をもたらします。

玄関のドアの前に水槽を置くと不信に

57

玄関のドアの内側に、水槽などの水のものが直接面する形で置かれると、妻やほかの家族がとても不幸になるでしょう。夫が浮気をしたりして別の女性と別の家庭をもつようになってしまうからです。

58 野生動物を飾るのは危険

野生動物、とりわけ口を大きく開けている獰猛な動物の絵を飾るのは賢明ではありません。家の中に汚らわしい野生のエネルギーが作られてしまうのです。狩りで捕った動物の頭を家に飾っているハンターは、ほとんどといっていいほど不運に見舞われています。そのような動物をイメージさせるものはすべて家から遠ざけましょう！

59 3枚1列に並んだドアは殺気を作り出してしまう

有害なエネルギーはいつも真直ぐ動き、ドアはエネルギーの導管になります。特に3つのドアが1列に並ぶと、家の中に毒を含んだエネルギーの矢が作られるようになります。真ん中のドアを閉じるか、横へ移動させましょう。こうすることでエネルギーの流れに変化をつけることできます。

願いをかなえてくれる ウィッシュフルフィルホイール

60

黄色い紙にもっとも願っていることを49回書き、ウィッシュフルフィルホイールの内側に巻きつけます。幸運のシンボルが描かれ、金色のものがベストです。毎朝、龍の時間（朝7時から9時の間）に回転させましょう。

61

階段下の水のものは息子に不運を招く

水を使った飾りや水槽など、階段の下に水のものを置くと、次世代、特に息子に、非常に害のある運を招きます。望んだ仕事に就けなかったり、希望大学への入学が難しくなったりするような影響が出るでしょう。

62

天井に暗い陰の色を使わない

天井を暗い色にすると長い影を落とす暗雲を表すことになり、あなたが進めているプロジェクトに障害が生じるでしょう。どんな家でも暗い天井はおすすめできません。

63

2024年まで北東のプールは不運

2024年まで、北東の方角にプールを造るのはとても危険です。危ないのは特に息子ですが、ほかの家族の健康や対人関係にも影響を及ぼすことになります。

主寝室は家の奥に

64

家の中で一番重要な部屋は主寝室なので、いつもよい風水になるようにしておきましょう。家の奥深い場所、玄関の対角にあたる位置にできればベストです。

寝室のドアは向き合わないように

65

寝室と寝室のドアが向き合っていると、その寝室を使っている家族同士の間で争いが生じることにつながります。そうせざるを得ない場合は、ふたつのドアの間を明るいライトで照らし、互いの間にある悪い気を追い払うといいでしょう。

鏡は絶対に夫婦のベッドに向けない

66

鏡が夫婦のベッドに直接面していると、夫婦間に深刻な悩みの種を芽生えさせ、知らず知らずのうちに離婚の危機を引き起こしてしまいます。夫婦間に第三者を割り込ませ、不幸と不信感をもたらすのです。このような場合は、鏡を移動させるか覆いをかけましょう。

67 寝室にヌードを持ち込まない

どんなに発展的な夫婦関係を築いている人たちでも、寝室に男女のヌード写真やヌードをモチーフにしたアートを飾るべきではありません。このようなことをしている家では、ほぼ確実に夫婦間に深刻な問題が起きてしまうからです。

68 妻は右側、夫は左側がいいポジション

結婚生活を長続きさせるために、また陰と陽の完璧な調和を図るために、（仰向けに寝て）妻はベッドの右側で、夫は左側で就寝しましょう。

69 ベッドは大きければ大きいほどよい

中国では、お金持ちは大きなベッドで眠り、そのベッドは大きければ大きいほど社会的に大きな成功を収めると信じられています。大きくて広く、強さを感じるベッドで眠るといいでしょう。シングルベッドではなくダブルベッドで。

ベッドは堅い壁につけて

70

ベッドが、寝室のどの壁にもしっかり接しないで「浮いて」いるのは感心できません。不安定になり吉方からのいい運の力が完全に失われてしまいます。安定した基礎を築くために、ベッドはいつも堅い壁にしっかり据え付けるようにしましょう。

トイレの壁面の裏にベッドは置かない

71

裏がトイレの壁になっているところにはベッドをつけないようにしましょう。よい眠りのためのエネルギーがトイレによって阻害されることになります。このような問題がある場合は、よい方角でなくてもベッドの位置を変えたほうがいいのです。

ベッドの上の窓にはカーテンを

72

いつもしっかりした壁につけたベッドで眠ればいいのですが、もし窓のある壁にベッドをつけなければならない場合は、眠っている間、窓をカーテンや雨戸で覆っておきましょう。日中は窓を開けていても大丈夫です。

73 婚活中の独身男性は南西を明るく

南西は女性家長のエネルギーを表します。その方角を意識しないと妻を見つけるのは難しいでしょう。すばらしい伴侶にめぐりあいたい独身男性は、居間と寝室の南西方向を明るい光で照らしましょう。

74 婚活中の独身女性は北西の幸運を高めて

婚活中の独身女性によい方法は、北西の運気を高めることです。寝室か居間の北西の方角に結婚を象徴するものを置きましょう。中に新郎新婦が並んでいるスノーボールやふたつそろった幸運を象徴するもの、つがいのオシドリなど、シンプルなものでいいのです。

75 寝室のドアに面しているものに注意

寝室の入口のドアが、トイレや階段、ほかの部屋のドアに面しているのは、最悪の風水です。有害で対立を招く気が生じるのを防ぐために、間に明るいライトをつけましょう。

ベッドはドアの対角がベスト

76

寝室にベッドを置くとき一番いい位置は、ドアに対して対角になるコーナーです。その位置ならベッドの上に横になっていてもドアがよく見えます。ドアのある壁にはベッドをつけないようにしましょう。対角にできないなら、ドアに面して置く方がいいでしょう。

梁から発する殺気の下で寝ない

77

寝室の頭上にむき出しの梁があったら、ニセの天井で覆いましょう。それができないときはその梁の真下では寝ないようにします。梁から発する殺気の真下で寝ていると、日常生活の中で争いや問題が生じたり、頭痛や偏頭痛に悩まされたりすることになります。

寝室には
龍やその他の動物を置かない

78

寝室は聖域です。その神聖な場所に野生動物や見かけが獰猛《どうもう》な守護神のようなものを置くのは、とても愚かなことです。幸運を司るとされる龍であっても寝室には置かない方がいいのです。寝室は静かに落ち着いて安らげる場所にしておきましょう。

79 カーブのついた階段は家族に富をもたらす

階段は気のエネルギーの通り道ですが、カーブがついていると幸運になります。まっすぐに伸びた階段はエネルギーを攻撃的なものにするのです。階段の幅が広く踊り場のない階段は、豊かな富を逃さずもたらしてくれるでしょう。

6つのクリスタルボールで家庭円満

80

6つのクリスタルボールをコーヒーテーブルの上に飾ってください。これは夫婦愛、親子愛、兄弟愛を育み、家族の調和を創造するもっとも効果的な方法のひとつです。6つはすべて同じ大きさでなくてもいいです。クリスタルボールの代わりにガラスのボールでも代用できます。

寝室には陽よりも陰の気を多く

81

寝室は休息の場所です。風水のアイテムをたくさん飾りすぎて運気を高め過ぎないようにしましょう。寝室にはどちらかといえば陽よりも陰のエレメントが好ましいのです。落ち着いた色を使い、まぶしくならないように間接照明にして寝室のエネルギーを穏やかに保ちましょう。

82 トイレには障害に対抗できるものを

古い中国の家では、トイレは普通家の中ではなく母屋から少し離れたところに作られていました。現代的な家では、トイレは家の中にありますが、その場所がどこであっても何かしらの障害のもとになります。トイレの電気は落ち着いた明るさにし、ファイブエレメンツのサイクルをフルに活用してトイレを浄化させましょう。たとえば、トイレが南西なら土なので、金をあらわす白の壁紙を使うといいでしょう。

83 よい睡眠のためにヨガを習得しましょう

一番のお勧めは、よい眠りを得るために寝る前にヨガをする習慣をつけることです。大切なポイントはふたつ。まず、眠ろうとするときにはゆっくり深呼吸をすること。次に、昼間の疲れを回復させるために午後11時には寝るように努力することです。これができただけで、眠りのためのヨガの半分は習得したようなものです。

シーリングファンの真下で寝ない

84

エアコンのない時代、特に熱帯の暑い国々では天井のファンは欠かすことのできないものでした。エアコンが自由に利用できるようになった今、寝室はもちろん家中どこにもシーリングファンをつける必要はありません！

85 マットレスはひとつで

ダブルベッド、キングサイズ、クイーンサイズなど、どんなベッドでも、使うマットレスはひとつだけにするのが重要なポイントです。ふたつのマットレスをくっつけてその上にシーツを敷くようなことはしないでください。夫婦の間に見えないひびが入り、結婚が長続きしなくなります。

86 せまくるしい場所には鏡を利用して

風水では、広々とした空間があるというのはとても大切なことです。狭いと感じる場所に鏡をかけて、広さを感じられるようにするといいでしょう。風水で鏡は特別な意味を持つものです。鏡に映るものには気をつけてください。どんな負のエネルギーのものも映らないように気をつけましょう。

秘密の風水（49日の儀式）

87

すべての精神を集中させて、紙にあなたの願いを49回書きます。1日も欠かさずこれを49日間続ければあなたの願いは叶うでしょう。成功の鍵は一貫性と不変。毎日続けて心の底から願うことです。

家にひとつは三本脚のヒキガエルを

88

三本脚のヒキガエルは金運のシンボルとしてよく知られています。これが家にあるだけで、まるで磁石のようにたくさんの富と成功を引き寄せるといわれています。好きなだけ集めてかまいません。コーヒーテーブルの上かソファの下に飾りましょう。

89 寝室に赤のエネルギーで愛情運アップ

愛の生活を高めたい時や結婚生活にちょっとした刺激がほしいとき、寝室の照明を赤にしてみましょう。女性なら、常に新たな愛のエネルギーを生み出せるようにしておきたいものです。さもなければ殿方はすぐによそ見をしてしまいますよ！

90 夜は少し明かりを

どの家でも心がけてほしいのは、夜の間に陽のエネルギーを逃がしてしまわないようにということです。このためには夜間、明かりを少しつけておきます。いつも正面玄関（外側よりも内側がベター）や家の裏手に明かりをつけたりするといいでしょう。

玄関のドアの正面に九龍

91

何世紀もの昔から現在にいたるまで、中国人は九龍の力を取り込んできました。その最たるものが北京の紫禁城です。できれば金の九龍像を、玄関正面の壁の高いところに吊り下げましょう。富と幸運を呼び込んでくれます。

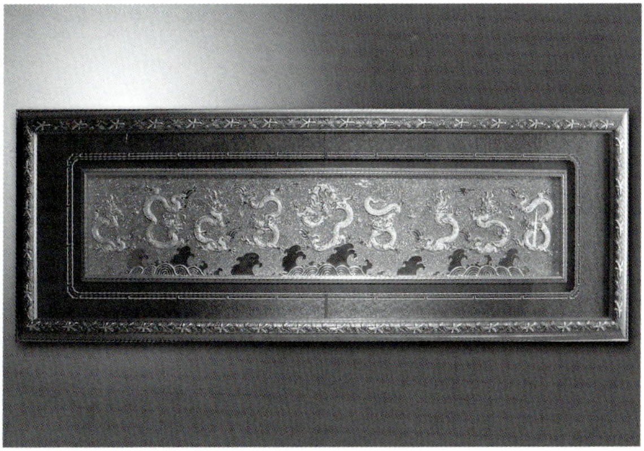

92

素敵な米びつを使いましょう

あなたの主食がお米なら、いい米びつを買い求めましょう。米びつは家の資産を表します。プラスチックなどではなくセラミックか陶器のものがいいでしょう。そこに幸運の絵が描かれていれば、ますます運が強くなります。米びつのお米の底に赤い小箱を置いて、毎年その中に新しいお金を加えましょう。

93

幸運のイメージが描かれたカーペットを

風水において床は、大地から貴重な運をもたらすものとされています。居間や寝室に幸運を呼ぶ美しいカーペットを敷くといいでしょう。成功を望むなら龍、長寿を望むなら桃、裕福になりたければ５匹のコウモリ、子孫繁栄を願うならうさぎ、権力を手に入れたければ如意《にょい》（p.65 参照）という具合です。

94

寝室に真鍮《しんちゅう》のひょうたんを

ひょうたん、とりわけ美しく装飾されたものを寝室に置くと悪い気が漂うのを防いでくれます。1年のエネルギーを変えて無病息災を願うなら、真鍮か金属のひょうたんが効果的です。

95

玄関の両側に天の守護神を

フードッグや麒麟《きりん》、ピヤオ（p.5参照）などのペアの守護神を家中の大切なドアの両側に置き、玄関のドアを守るために一番大きなものを置きましょう。あなたに害が及ぶのを防いでくれるはずです。それらの守護神の首の周りに赤いリボンを巻き、可能なら道教の指導者に開眼の儀を施してもらえれば、さらにパワーアップします。

96

6ロッドの風鈴を北西に吊り下げる

一家の大黒柱の幸運を高めたければ、居間の北西に6ロッドの風鈴を吊り下げましょう。風鈴の下にはだれも座らないようにします。どうしても座らざるを得ないときは、扇風機などを使って微風で風鈴を鳴らしてください。揺れる金属音が北西の気を呼び覚ましてくれます。

トイレのドアに向って座っての食事はNG

97

食事をする場所の近くにトイレがあるのは感心しませんが、もしあなたの家がそうだったらトイレのドアはいつもきちんと閉めておきましょう。食事の最中トイレの真向かいにはだれも座らないようにしてください。

西向きの部屋は強い西日を防いで

98

西向きの部屋は、何かで強すぎる西日をやわらげないととても不快です。西日が引き起こす過度の陽のエネルギーが人に害を及ぼすこともあります。厚いカーテンやブラインドを使って、有害な西日が部屋に入り込まないようにしましょう。

99

ドアは内側に開くように

家の中のドアは、外側より内側に開くようにしましょう。こうすることで、幸運がスムーズに確実に家の中に入ってきて、幸運の流れが作れます。

100

水は家に流れ込むように

家の前に何かしらの水の流れがあったら、水が家の方に向かって流れて見えるようにしてみましょう。家から流れでるように見せてはいけません。(下水道設備はこの限りではありません。)

家族運アップには奥行きのある家が吉

101

一般的に、風水では、家は広さよりも奥行きがあるといいと言われますが、一番いいのは両方そろって正方形になっていることです。家には少なくとも3部屋、一番いいのは5部屋の奥行きがあると、何世代にもわたって家が繁栄するでしょう。

幸運のオブジェを飾る

102

幸運のシンボルはたくさんあるので、集めて飾るといいでしょう。家に入ったとき見えるところにディスプレイケースに入れて飾っておくと、幸運が近づいてきます。彫刻や絵なら高価であればあるほど、それがもつプラスの効果が増すことになります。

103 廊下は長さより広さを

住居に廊下はあまり必要ありませんが、もしあるなら幅広くゆとりのある空間にするといいでしょう。長い廊下は、問題をもった毒矢が生じるもとになるのでおすすめできません。

色あせてしおれた花は捨てましょう

104

家に生花を飾るのは、家の中にある宇宙の気へお供えものをするようなものです。同時に新しい成長のエネルギーも生じてきます。しかし、水はこまめに変えてしおれ始めたらすぐに捨てましょう。そうしないと陰の気が形成され、プラスのエネルギーがマイナスのエネルギーに転換されてしまいます。

玄関の両側に水を置かない

105

玄関の両側に水があると、涙を表すことになり不幸が起きるでしょう。大事な物を紛失したり、だれかを亡くしたりということがあるかもしれません。玄関の両脇にプールや池を作るというようなことはしてはいけません。

106

夫を引きつける秘密のしきたり

真鍮《しんちゅう》の鏡を使って男性の心を引きつける特別な方法があります。幸運のサインがふたつ施されている真鍮の鏡を求めましょう。月が満ちるとき、その鏡の幸運が高まります。鏡の幸運が高まっているとき、その鏡にあなたの意中の人を映すのです！

107

部屋にはしっかりした壁が大切

壁は生活の土台を意味します。壁一面が窓になっていたり四方すべての壁に窓があったりすると、生活が安定感に欠けるようになります。これは、寝室や居間など主だったすべての部屋にいえることです。庭のあずまやなどには当てはまりません。

食堂は居間より低くしない

108

中二階があるような家なら、食事の場所は高い方にしましょう。お客様をもてなす居間は低いところでも大丈夫なので、常に食事をする場所を優先して考えるといいでしょう。

居間に悲しげな絵をかけない

109

悲しみに満ちた絵を求めないようにしましょう。歴史的な流血の場面や世界の惨状を、わざわざ思い起こす必要はありません。それよりも自然に笑顔がこぼれてくるような楽しげな絵を飾りましょう。そういった絵のエネルギーは負担や悩みを軽くしてくれるのです。

110

事務室は手前の方に

家に仕事場をおくなら家の前半部分におきましょう。そうすればあなたのホームビジネスにエネルギッシュな活力をもたらし、成功のチャンスも広がるでしょう。ペットを飼うのも陽のいいエネルギーを生み出すのに役立ちます。

111 キッチンは玄関から見えないところに

キッチンは、家の奥の方にあればベストです。キッチンは火が燃えさかるエネルギーの象徴なので、正面から見えないように家の奥に配置しましょう。

112 キッチンに鏡を置かない

ストーブやコンロの火を映す鏡は危険です。そこに住んでいる人に災いが降りかかるでしょう。食堂の鏡は幸運なのですが、キッチンに鏡をおくのは避けるべきです。家族に深刻な不運や危害を及ぼすことになるでしょう。

113 月に一度は塩で家具とドアを拭きましょう

これはシンプルですが、家の中の気を新鮮で活気のある状態に保つための、効果的なお掃除方法です。もしだれか嫌な人が家を訪ねてきたら、塩でお掃除すると家の中の嫌な気を取り除くこともできます。

114 寝室は道路より高い位置に

家やアパートの寝室が道路より低い位置にあったら、象徴的にエネルギーを「上げる」ことが必要になってきます。それにはフロアライトを上に向かって照らすといいでしょう。それでも道路より低い位置では寝ないように気をつけてください。

115 家の正面に勝利の鐘を

持続的な成功を願うときは、玄関の正面に勝利の鐘を置きます。真鍮製で、幸運を表すおめでたいものが装飾されたものがいいでしょう。7つの惑星を意味する7つの金属が使われていると、メロディアスな美しい音色が響きます。望む成功の数だけベルを鳴らしましょう。

ダイニングやキッチンの上をトイレにしない

116

これから家を建てようとしている人は覚えておいてください。ダイニングやキッチンの真上をトイレにすると、家族が口にする食べ物に悪影響を及ぼすと考えられています。食事のテーブルはトイレの下から移動させましょう！

欠けたカップを使わない

117

食器が欠けたりひびが入ったり割れたものは、すぐ捨てましょう。食器に限らず家中どんな物にもいえることで、壊れたものはすぐに取り除くべきです。壊れたものは悪い気をもたらします。外食の時でも、欠けた食器が使われていたら取り替えてもらうようにしてください。

118 悪気を除くために香をたく

これは家のエネルギーを再生させるために私が好んでやる方法です。毎週金曜日と、日食や月食のような特別なときに香を焚きます。高山や庭のセイヨウネズの小さなかけらを、熱した石の上に置くと、さわやかで力がわいてくるようないい香りが漂ってきます。家のまわりにある宇宙的な力に届くように、香りをお供物《くもつ》として焚くと、あなたの成功に障害となるものを見事に散らしてくれるでしょう。この儀式は、悪い運気を変えたいときや憂鬱《ゆううつ》でくじけた気分から抜け出したいときにも使えます。この儀式を習慣にすれば、いつも幸せな気分でいられますよ！　私たちはみんな幸せになるべきですもの。

第2章
オフィス

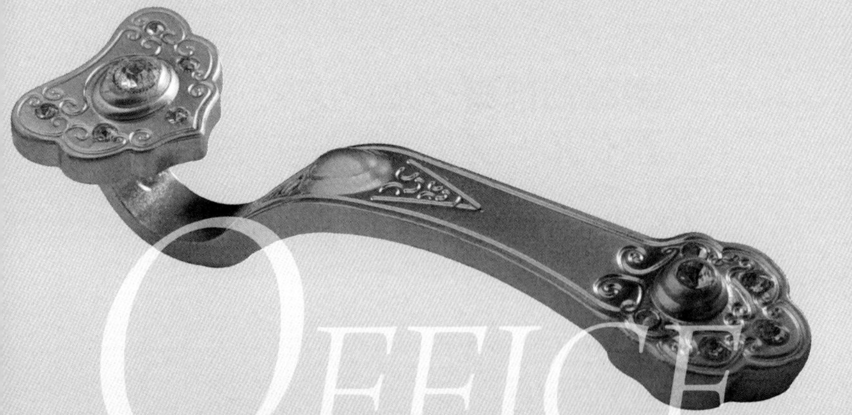

OFFICE

1 職場のパワースポットを知る

どこの職場でも奥まった場所に座れば座るほど、あなたの影響力を高められます。もっともよい場所はオフィスの一番奥で、入口の対角になる角です。そして、そこから職場全体が見渡せること。オープンフロアにする、ガラスのしきりで区切るなど、間取りも工夫しましょう。

2 あなたは東グループ？西グループ？

すべての人は「クアナンバー」（生年月日、性別からわかるエネルギーのチェック数。p.184 クアナンバー早見表参照）により東グループか西グループに分けられます。クアナンバーが1、3、4、9の人は東グループに属し、吉方は東、南、北、南東です。2、5、6、7、8の人は西グループで、吉方は西、南西、北西、北東です。グループによって吉の方向が違うのでよく確認してください。

縁起のよいドアから入る

3

あなたの吉方にあたるドアからオフィスに入りましょう。ドアがひとつしかなくても大丈夫！　3つの方角から入れます。ドアが南向きなら、南、南東、南西からというように。その中で自分にベストな角度を選んで入ってください。東グループの人なら、南か南東から、西グループの人は南西から入れば、吉方から入ったことになります。

「龍」の時刻に仕事を始める

4

「龍」は勇気と有効性、成功の象徴です。この龍の時刻に仕事を始めると、あなたの仕事、そして同僚や取引先との関係性に、活力と幸運を与えてくれます。龍の時刻というのは、午前7時から9時です。

5 窓を背にして座らない

仕事をするとき、背中に何があるか注意してください。後ろに窓があると、あなたの考えに対する支持や推薦が得られないというようなことが起こります。高層ビルの上階にあるオフィスでは特に気をつけてください。デスクを移動するか、厚いブラインドでカモフラージュするといいでしょう。

6 頑丈な壁を背にして座る

しっかりした壁を背にして座っていれば、あなたの考えが攻撃されたりあなたに対し政治的な動きがあっても、よい助けが得られます。上司や同僚から支持を得たいときは、後ろの壁に山の絵をかけましょう。独立して仕事をしているなら、融資を受けているメインバンクの写真をかければ、銀行はいつもあなたのビジネスを支援するでしょう。

通路の端に配置されないように

7

長い通路の端に座るのはよくありません。それが、デスクが2列に並べられたことによってできた通路でもです。あなたの方へ流れるエネルギーの動きが速すぎて有害になりやすいのです。こういうときは、植物や書類キャビネットのようなものを置いて、エネルギーの流れを乱すといいでしょう。そうすることで、エネルギーの流れを緩やかにすることができます。

入口に背を向けないように

8

個室の人は、背中を入口に向けて座ってはいけません。信頼していた人に裏切られる暗示になってしまいます。オープンオフィスで決められた場所に座っているなら、背中がさらされないように。だれかに背後から不意に忍び寄られるような座り方になってはいけません。

9 できるだけ大きなデスクを選ぶ

デスクが大きければ大きいほど野心は大きくなるでしょう。大きなデスクは大きなチャンスと重要な責任を引き寄せます。これは昇進するための一番確かな方法です。独立しているなら、デスクを大きくすればするほど、より速く事業規模が拡大していくでしょう。

サイドボードで幸運を持続

10

デスクの後ろに同じ長さのサイドテーブルを置きましょう。バランスのとれた幸運が長続きします。権威や成功のシンボルとして「如意」（p.65参照）などがありますが、そのような幸運のシンボルを置くよりも、さらに運を強くしてくれます。

3つの山頂の絵で運を補強

11

デスクの後ろに3つの山の頂上が見える絵や写真をおくと、あなたがもっているあらゆる幸運を強化してくれるでしょう。これはよく知られている風水ですが、実はもう1つ恩恵があって、最終的には大きな影響力や権威のある地位につけることを意味しています。

12 デスクは長方形がベスト

デスクは形でエネルギーの種類が変わります。半円形なら翡翠の帯に似ていることから財政的な成功、正方形は予期せぬチャンスというように。しかし、一番いい形は長方形です。すべての事業活動やプロジェクトの持続的発展と着実な繁栄を暗示します。

13 山のパワーを解き放つために3頭の羊を

幸運な絵は広大な山に3頭の羊が描きこまれた絵です。あなたの仕事をいつも支えてくれます。これは山が持つ好運をもたらすパワーの「鍵を開ける」ことを象徴しています。特に、組織の部署や支店もしくは会社全体のトップに立つ人にお勧めです。

14 黒い亀（玄武）の運を高める

亀は天の守護神と考えられていますが、同時に仕事が順調に続くことを意味しています。絵でも飾り物でも亀をオフィスにおけば、あなたの雇用が長続きして失業から免れることができるでしょう。

棚は扉付きに

15

本棚や飾り棚として使われるオープンシェルフは、「ナイフ」となって部屋の気の流れを切ってしまいます。対人関係に影響を及ぼす場合もあります。オープンシェルフには扉をつけて、悪い影響が出ないようにするのが望ましいです。

一本柱に面して座らない

16

オフィスの部屋の真ん中に一本柱があったら、その真向かい、特にその角の真向かいには座らないようにしましょう。とても危険です。失業したり、悪くすると罪を着せられたりするようなことがあるかもしれません。そうならないようにデスクを移動させましょう。

目の前に幸運の風水を

17

仕事運は、仕事中目の前にどんな風水が見えるかに左右されます。何か幸運を意味するものを置くのが理想的です。シンボルはあなたの風水に重大な影響を及ぼすので、幸運を招くものをぜひあなたの真正面に置いてください。

18 角が飛び出しているときは植物でブロック

壁が平たんではなく飛び出ている部分は、そのとがった角から殺気のエネルギーを発生させます。その近くにあなたのデスクがあるなら、その角をカモフラージュするために背の高い鉢植えをおくといいでしょう。植物がその殺気を消し去ってくれます。殺気で植物が育たないことがよくあるので、そういうときは3ヶ月ごとに取り替えるといいでしょう。

気を回転させて運気を一転

19

不運続きの人は、運気を変えるシンボルが必要です。風水では風を動かす扇子のようなものがとてもいいので、おしゃれなものを求めて、そばに置いておくといいでしょう。あるいは、その象徴として扇や扇子の飾りなどをあなたの左側に掛けておくのもいいですよ。

弊害を取り除くエレメントキュア

20

目の前の窓から、ほかの建物の角や反射する窓ガラス、高架道路、鉄塔その他好ましくない建築物が見えたら、カーテンでさえぎるか見える方角に応じたエレメントキュア（金属や水といった５つのエレメント、ファイブエレメントを使用した対抗策）で弊害を取り除きましょう。

●エレメントキュア
・東か南東のときは、窓に６ロッドの風鈴をさげる。
・西か北西なら、窓辺に明るい照明をつける。
・北東か南西なら、窓のそばに植物を置く。
・北なら、クリスタルを置く。
・南なら、茶碗１杯の水を置く。

21 職場の天井は平らに

傾斜のついた天井の下で仕事をしないようにしましょう。仕事運のバランスをくずし、将来性も不安定になるので、自分に自信がもてなくなってしまいます。

22 余裕を持って回転できるスペースを

窮屈な思いをしないで生活をするというのは基本です。窮屈な思いをしていると、自分に限界を感じるようになります。イスをゆうゆうと回転できるぐらいのゆとりを持つようにしましょう。

23 台の上の空きスペースをできるだけ取る

ファイルや仕事道具などを置く台の上の空きスペースは、広ければ広いほど魅力的で責任ある仕事運に恵まれます。最後には、これにより仕事が認められて昇進することになるでしょう。

職場に「赤」を持ち込む

24

仕事場に何か赤いものを持ち込む（もしくは、何か赤を身につける）と、上司から評価を得るなどの陽のエネルギーが高まります。赤はとても縁起のよい色なのです。しかし、使いすぎるとよくないことも覚えておいてください。

正面に水のもの

25

水はいつも財産運をもたらす助けになります。売上高や営業利益に関する責任や、財務責任を負っている人は、壁、できれば南東の壁を背にして、あなたの真正面に小さな水のものを置いてみましょう。きっとよい結果がもたらされるでしょう。

宝船は自分に向けて航海させる

26

会社にも金運が運ばれるように、インゴットと本物のお金を載せた木製か金属製の偽者の帆船を、風水のあなたの吉方からオフィスに向かって入ってくるように置きましょう。船は床の上かコーヒーテーブルより低い位置においてください。

27 背もたれとひじ掛けのある椅子を使う

オフィスの椅子は快適であると同時に、身を守ってくれるものを選ぶようにしましょう。ゆったりしたひじ掛けと、仕事中しっかりあなたを支えてくれる背もたれのついた椅子です。背もたれの低い椅子は、問題を悪化させることになるのでやめましょう。

プレッシャーをやわらげる関公の像

28

競争による重圧に悩まされている人は、9つの龍を巻き付け怒りに満ちた表情で立っている「関公」注）の像を、入口を見下ろす高い棚の上に飾ってください。小さすぎず、大きすぎずない小立像で、ガイドとしてオフィスにふさわしいものを選ぶといいでしょう。

注）関公:三国志で知られる中国の戦国時代の英雄的な将軍、関羽のこと。

29 陰と陽のバランスをとって

陽の気があるのは大切ですが、陰のエネルギーとのバランスが取れていることも重要です。オフィスには陰のエネルギーが占めている静かな場所も必要です。陽は光、陰は闇と覚えて、照明や色の組み合わせで陰と陽のバランスを取るようにしましょう。

30 デスク前にはスペースを

あなたのデスクの前に小さなスペースを設けることも重要です。そこは「ブライトホール」として、よい気を集めてくれます。これは住宅やアパートなどでも用いられる「明堂《ミンテン》」の理論（p.16、p.131 参照）ですが、職場ではこの考え方がより重要になってきます。

書類は左側に積み上げて

31

ワークスペースは常にあなたの右側よりも左側を高くすることを心がけてください。これは風水の「青龍」と「白虎」の関係を表します。もしこれが反対になり虎（右側）が高くなると、仕事に関する不運や危険が持ち上がってくる可能性がでてきます。

照明を工夫して オフィスに陽の気を

32

よい照明は、まぶし過ぎたり熱すぎたりせず、はっきりものが見えるものです。そしてすばらしい風水効果をもたらしてくれます。マイナスの気を招かないために、影をオフィスに作らないことも大切です。明るい光は火のエレメントを意味します。人に認められるだけでなく調和も生み出すので、職場で争いがおきるのを抑制してくれるでしょう。

33 窓のクリスタルで明るさを調整

オフィスが西日にさらされるなど、午後の日差しがまぶし過ぎるときは、窓にカットクリスタルを吊り下げて、陽エネルギーの素を吸収しましょう。クリスタルを通した光は、虹色となってオフィスに差し込んできます。同時に、西日のまぶしさもやわらげることができます。

34 鏡、トイレ、階段には向き合わない

オフィスの家具を配置するときに絶対にやってはいけないこと、それは次の３つのことです。鏡に直面して座らないようにする。幸運が鏡に吸収されてしまいます。トイレに面して座らないようにする。幸運が流れ去ってしまいます。そして、最後に階段に面して座るのもいけません。あなたから幸運が引き離されてしまいますよ。

競争相手を吹き飛ばす

35

競争に勝つための効果的な儀式は、あなたの競争相手（同僚、会社など）の名前を紙に書き、それを手のひらに置いたら一気に吹き飛ばしてしまうことです。こうすることで競争相手の存在は小さく、小さくなっていきます。

OFFICE

36 デスクの上には運気があがるものを

幸運のシンボルを身近に置くことは、アジアのビジネスマンが長い間実践してきた習慣で、彼らはその効力を実感しています。自分のエネルギーに関係したもので、直感に訴えかけてくるものを選びましょう。選んだものは自分だけのお守りとして飾ります。あなたの気で、その幸運のシンボルが力を発揮できるようにしましょう。

37 昇進運を逃さないための馬上の猿

昇進の候補者リストに載ったら、馬の上に座った猿の像でそのチャンスを逃さないようにしましょう。これは中国人の間で人気のある方法で、この猿の像は中国の民芸品店で簡単に手に入ります。デスクの南の位置か、うしろの高い棚の上に置きましょう。

象の上の猿で社長に

38

どんな組織でもそのトップを目指したいと願うなら、聖なる象と狡猾《こうかつ》で悪賢い猿の、高いエネルギー（気）が必要になるでしょう。このふたつの動物を仕事場に置いておけば、高い地位を獲得できる幸運が訪れます。猿が象の上に乗っているものが一番いい組み合わせです。

ネガティブな考えは全部水に流してしまおう

39

周りの、否定的考えの人たちによって引き起される悩みや問題を、最小限にする方法をひとつ教えましょう。その問題を紙に書き出し、その紙を帆船（子どもが作るようなペーパークラフトの帆船）に乗せます。適度に流れのある川や小川にその小さな船を浮かべます。船が流れていくのを見つめながら心の中でこう言いましょう。「さあもうこの悩みはきれいさっぱり！これで大丈夫」。

40 自分のスペースを明確に

効率的なワーキングライフのために、オフィスで自分のスペースをはっきりさせるのは基本的なことです。改めて周囲に宣言する必要はありません。色づかいで工夫したり、個人的な写真を置いたりすれば、あなたのメッセージがなんとなく同僚に伝わるので、それで十分です。こうすることで、あなたの場所がプラスエネルギーに満たされ、運が高められるでしょう。

41 ふたつの出入口の間には座らない

デスクがふたつのドアにはさまれていると、ふたつのドアの間で流れるエネルギーが、あなたの方に有害な気を送ってきます。よくても病気に、悪ければもっと深刻なことがあなたにふりかかるかもしれません。デスクをこの危険な「火のライン」から離れた場所に移動させることが賢明です。

デスクは対面方式には置かない

42

互いに向き合ってデスクを配置する対面方式は、よく知られた配置の仕方です。しかし、この配置では調和や協調が高められることはありません。むしろ、オフィスの人たち同士の衝突を引き起こすことになりかねません。

テーブルの角に座らない

43

華僑系の企業の重役会議室ではテーブルの端がたいてい丸くなっているので、角に座る人が傷つくことはありません。しかし、欧米の重役会議室では長方形のテーブルが使われていて、角に座る人はその先端部から自分に向かって毒矢が放たれることになります。常に角を避けて座るようにしましょう。

44

天蓋のマークで自分をプロテクト

紙に天蓋のマークを描いて、背後に置いておきましょう。軽率な判断による失敗や不運から守られます。これは征服の強力なシンボルで、とりわけうっかりミスや間違ったアドバイスから起こる不幸を打ち負かしてくれるはずです。

45

コミュニケーション能力アップに金属ベルを

自分の考えがうまく伝わらないと感じていたら、7種類の金属でできているベルをデスクにおいて改善を図りましょう。毎朝オフィスに着いたらすぐにそのベルを鳴らします。朝ベルを鳴らすと、前日に作られたマイナスのエネルギーを追い払うこともできます。

ファイルの山を眼前に置かない

46

仕事中毒の人や弁護士のデスクには、たいてい上にファイルの山がうず高く積みあがっているものです。これは必ずしも悪いことではありませんが、ファイルの山を自分の真正面に置いて眺めをさえぎらないようにしましょう。目の前がふさがっていると、成功に支障をきたすので注意しましょう。

47 権威を高めたいのなら「如意」を

もしあなたがチームをまとめるのに苦労しているなら、権威やリーダーシップの象徴である「如意」（p.65参照）を手に入れましょう。さまざまな装飾を施した如意がありますが、仕事の成功のためには、9つの龍を巻きつけた如意がもっとも力強く、効果的です。

48 富の壷が収入運を安定したものに

富の壷（p.31参照）を作り、デスクの上、あるいは、応接セットのあるプライベートオフィスならコーヒーテーブルの上に置きます。こうすれば収入が絶えず増え続けるようになるでしょう。富の壷には、財産のエネルギーを作りだすために本物のお金と作り物の宝石をいれます。オフィスの外やロビーには置かないでください。

ミスティックノットで尽きることのない幸運を

49

ミスティックノットは永遠の幸運を意味する大変パワフルな象徴です。仕事をしているときあなたの近くにあれば、ミスティックノットの力が与えられて関係作りがうまくいくようになるでしょう。同時に、職場の環境作りにも効果があります。

お守りで悪い気を遠ざけて

50

守護のマントラが記されたお守りなどを身につけるとご利益があります。チベット仏教やヒンズー教、中国伝統のものなど、近年、長年秘教とされてきた多くマントラが出てきました。これらは特に事故や裏切り、突然の運気の逆転などに効果があります。

51

獰猛《どうもう》な雄鶏《おんどり》が社内ゴシップを抑えこむ

道教では、オフィスの悪質で危険なゴシップに効果的なのは、足に鋭いかぎ爪のある12インチ（約30cm）の雄鶏だとされています。雄鶏を飾っておけば、たいていはすぐに悪い噂話を静めてくれるはずです。

52

守護神としてデスクの両脇にフードッグを

中国の風水では守護神は篤い信仰を集めています。フードッグ（狛犬やシーサーのようなもの。p.21参照）は生計を守り収入を維持するのにひときわ力を持つと考えられています。小さなペアを一対買い求め、デスクの両脇に外を向くようにおきましょう。

デスクに貼ったクリスタルで創造力をアップ

53

これはどんどんいいアイデアが浮かんでくるという道教の勧めです。ダブルエンディッドクリスタル（両端がとがっているクリスタル）を手に入れて、デスクの下（机部分の裏側）に貼り付けます。クリスタルのとがった部分を座っている位置に対して平行に保って、どちらもあなたの方に向かないようにしましょう。

請求書ファイルにコインを貼り付け売り上げ増

54

売り上げをあげるためのもっとも効果的な方法は、請求書ファイルに赤い紐でつなげた３枚のコインを貼り付けることです。東洋では、多くの保険・株式営業担当者がこの方法ですばらしい成功をおさめてきました。

55 重要な契約をまとめるための儀式

会社にとって重要な契約をまとめたいときは、提出する前に最終書類の上に赤い小さな丸いシールを貼ってみてください。封筒の上にもこのシールを貼れば、さらに効果は高まります。

56 仕事場を窮屈にしない

狭いオフィスに大勢の人がいて、窮屈に感じられる職場では、仕事上の障害や妨害が生じやすくなります。仕事がしやすい配置や環境を整えてもらえるよう、上司に働きかけてください。

57 オフィスの通路は曲線に

オフィスのレイアウトで一番大切なのは、人の流れをまっすぐにしないで曲線にすることです。こうすることでオフィスの気に穏やかさが保たれ、害が及ばされるおそれがなくなります。

北西の金属で よき指導者に恵まれる

58

会社や業界で力を持ち、影響力のあるリーダーから目をかけられたいと願う人は、6ロッドの金属製の風鈴(p.52参照)を吊り下げて、オフィスの北西の方角の運気を高めるといいでしょう。

十二支のつながりで広がる運

59

干支の12種類の動物は、4つのグループに分けられます。これは「仲間(3人の盟友)」として知られています。あなたの干支と仲間になる動物を調べてそばに置いておくと、あなたのネットワークを効果的に築ける運が開けます。デスクの上に小物として飾ったり、翡翠の小物や幸運のお守りとして身につけたりするといいでしょう。(p.126 4組の干支の仲間参照)

60 成功するサイン

これは私が香港で働いていたときに学んだ、とっておきの技、成功するサインの仕方です。道教マスターに教えてもらったものですが、サイン（署名）を書くとき、一筆目が上向きになるようにし、可能なら、最後も上向きの一筆で終わらせる、という方法です。もちろんサインの文字は上下しますが、始めと終わりは必ず上向きの一筆になるようにしましょう。

1年に1回家具を置き直す

61

これはとても基本的な考えですが、職場のエネルギーを新鮮で活気に満ちたものにしておきたかったら、1年に1回は家具を置き直しましょう。毎年仕事始めに実施してください。まず家具を10センチほど動かしてうしろのたまったほこりをきれいにし、それからもとの位置に戻します。

うしろの壁を安定したものに

62

壁をうしろにして座るのはいいことです。ただし、壁の反対側がトイレや物置、印刷室でなければ。これらの部屋と壁を共有していると、いい運に恵まれません。背後からの気で、問題が起こりやすくなります。

63

生花《せいか》で成長運を高める

どのオフィスでも、生花やいきいき成長している植物を置くのはいいことです。植物を成長させる木のエレメントのエネルギーが運気を促進し、発展の可能性を着実に伸ばします。植物は常にいきいきした状態にして、毎月交換するといいでしょう。

会社のロゴデザインには要注意！

64

企業のロゴがいいデザインであることは大変重要です。少なくとも明らかに縁起の悪いものはさけましょう。あの誇り高い大企業であったENRONが、斜めに突き出たロゴのせいでどうなったか忘れないでください。また、ロゴを四角や円で囲むのもいけません。会社の成長や発展を阻《はば》んでしまいます。

「生気《せいき》」の方角に向かって座る

65

クアナンバー（p.184クアナンバー早見表参照）からあなたの「生気」の方角を知りましょう。そして職場ではパソコンに向かうときも、重要な電話を受けるときも、常にその方角に向かって座ることを心がけましょう。あなたの成功の可能性を高めてくれます。

生気の方位表

クアナンバー	方角	クアナンバー	方角
1	南東	6	西
2	北東	7	北西
3	南	8	南西
4	北	9	東
5	南東／北東		

66 名前と住所を分ける線を名刺に入れない

名刺を作るとき、あなたの名前や企業名と、住所・電話番号の間に線を入れてはいけません。線を入れてしまうと、顧客や見込みのある提携者があなたの名刺を見つけ損ない、結局仕事を失いかねません。

67 会社のロゴは幸運のものを

会社のロゴはビジネスに有利になるものを選びましょう。ファイブエレメンツ（p.10 参照）の相性のサイクルに従って決めると利益がもたらされます。たとえば、金融サービス業だったら火のエレメントに属しているので、ロゴは木を強調したものにするというように。また、仕事に密接に関係があり、なおかつ、幸運のシンボルでもあるものを選ぶという方法もあります。いずれにしても常に心がけたいのは、あなたの選んだロゴが力強く見えることです。

68 部下と上司の名刺は少し違ったものを

上司と部下の名刺は区別をつけてください。名刺の部下の名前の文字は上司のよりも小さいサイズにし、名前はどちらも企業名より文字のサイズを小さくしましょう。

69 鋭い図柄を自分の名前に向けない

名刺に刷られた矢や三角形の頂点のような鋭い図柄が、あなたの名前の方に向けられているのは好ましくありません。毒矢があなたに危害を及ぼすことを意味します。もしそうなっているなら、すぐにあなたの名前をその図柄から離して名刺を刷り直してください。

70 デスクのうしろにオープンシェルフを置かない

デスクの真うしろにオープンシェルフ（棚）を置くのはとても危険です。あなたの背中に不幸の種を送り出す鋭いエネルギーとなりうるからです。不幸なだけでなく危険でもあるので、大切なものや職さえ失うことになりかねません。

71 東か南東に水槽を置くと利益が増大

これは仕事運を高める大変人気のある方法で、香港では多くの中国人のやり手実業家が実践しています。会議室やオフィスの南東か東に美しい水槽を置くのです。魚は「ゆとり」を意味するので、会社の中枢部に魚がいることで、常にいい経営状態でいられます。

72 入口近くの水で大もうけのチャンス到来

オフィスの入口に水の流れる音があると、オフィスにいる人たちみんなに金運が訪れます。水は中へ流れるように設定し、定期的に取り替えて清潔にしておきましょう。水の近くに小さな龍を置くと、富をもたらすパワーがアップします。

白い服で権威を高める

73

職権をふるう必要があるとき、女性なら白のスーツを、男性なら白のワイシャツを着るといいでしょう。白は、水星、木星といった7つの太陽系惑星に対応している7色すべてを含んでいるので、リーダーシップのオーラや影響力を醸し出す力があるのです。

赤を着て勝負

74

職場で敵意、特に同僚や部下から発せられる好戦的な気を感じたとき、赤を身につけていると強力な対策になります。赤色は火のエネルギーを表し、オフィスによどんでいる一触即発になりそうな敵意の運気をなえさせてくれるのです。

金を身につけて生命力を強化

75

金属のエレメントは、心身の弱点だけでなく、特に不運を克服したいときに大きな力を発揮します。やる気がなくなりくじけて落ち込んだときは、本物の金を身につけてみましょう。金があなた自身の金属エレメントを強化し内なる生命力を高めてくれるでしょう。

76 ラッキーカラーを身につけて

生まれた季節のラッキーカラーを使いましょう。夏生まれなら、あなたが着た方がいい色は冬の色（黒と青）です。生まれた季節と反対の色を身につけることで、あなたのエレメントのバランスがとれるのです。冬生まれの人は、夏の色である赤い色合いのものを。春生まれなら、白やメタリックカラーといった秋の色を。秋生まれなら、春の色を表わす緑系のものを。季節の変わり目に生まれた人は、アースカラー（褐色がかった大地の色）を着るといいでしょう。

77 自分の場所にファイブエレメンツを

あなたのスペースのバランスをよくするもっとも簡単な方法は、ファイブエレメンツをそれぞれ1つずつ置くことです。5つのエレメンツ—火、土、金属、水そして木—がそろってはじめて、成功と成就をもたらすエネルギーの完全なパッケージになります。

装飾用の金のインゴットで成功を

78

成功の気を高めるために、コンピュータの上に金のインゴットをはりつけましょう。現在、私たちはみなコンピュータで仕事をしています。こうすることでパソコンという21世紀のビジネスツールを、お金を生み出す装置に高めることができるのです。

つけっぱなしのコンピュータは陽の気

79

コンピュータを一晩中つけたままにしておくと、夜間の陰のエネルギーに対抗することになり、よい風水になります。同時にこれは、コンピュータがあなたのために休みなく働いていることにもなるのです。

80 スクリーンセイバーで運気を高める

泳ぎ回る魚、飛び回る鳥、流れる水のどれかをコンピュータのスクリーンセイバーにインストールしましょう。これらはすべて幸運をもたらす画像です。動き回るスクリーンセイバーでコンピュータが陽の気の源になり、あなたが仕事をするときに効率をあげてくれる道具になります。仕事がすばらしくはかどり、より大きな成果が発揮できるでしょう。

81 パソコンは「金」の方角に

パソコンは、常に「金」の方角である西か北西に置くように心がけましょう。コンピュータと金属がシンクロしてエネルギーをもたらしてくれます。特に管理職にある人は、コンピュータを作動させているとき、北西になるように置くとよいでしょう。

ドアの方に向かって仕事する

82

風水で一番いいデスクの位置は、社内の自分の部屋の入口の真向かいです。もし、個室になっていないオープンオフィスなら、デスクの真正面に、あなたの方へ向かう通路を作るといいでしょう。

83 四角い柱は鏡で覆う

オフィスに四角い柱があったら、鏡で覆って柱の角からくる毒矢の力を拡散させましょう。柱を視覚から「消えた」状態にすることで、角の脅威を取り除くことになるのです。

84 職場のエネルギーを停滞させない

オフィスの隅や通路なども活用するようにし、古新聞、ダンボールなども常に整理しておくなど、エネルギーが停滞しないように気をつけることは、会社にとって非常に大切なことです。よどんだエネルギーがたまると、みんなが不調になります。常にエネルギーが停滞しないように気をつけましょう。同時にオフィスの隅は暗くじめじめした状態にしておかないようにしましょう。

85 オープンオフィスのデスクは同じ向きに

オープンオフィスのデスクは、スタッフが互いに正面を向き合わないようにしましょう。調和が乱れやすくなります。

86 風車式の配置は幸運

オフィスでデスクを風車のような配置形式にするとき、スタッフがそれぞれクア方式で示す個人別の幸運の方角（p.99参照）に従って配置されていると、オフィス全体がとてもよい運に恵まれるでしょう。この配置で労使双方がウィンウィンの関係になれるのです。またこのような配置にすることで、気の流れに変化がつき、うまく流れるようになるでしょう。

87 社員のランクで区別

与えられるスペースは、上級のスタッフになればなるほど広くするべきです。職務順位を強調し、差をつけることで、リーダーシップの役割が明確になり、よりよい風水が作りやすくなるのです。

88 財務担当者はオフィスの一番奥に

財務部や財務部長の席は、オフィスの奥に配置するのが一番です。これは象徴的に会社の財力を守ることになります。そこがオフィスの南東の位置なら、よりいっそうの幸運に恵まれるでしょう。高さに関しては上層階が望ましいです。

89 マーケティングや営業担当者は入口の近くに

どの会社でも最前線に立つ人がいます。彼らは組織の代表として働くので、デスクが入口の近くにあると効果的です。これもオフィスの南東の位置にあたると、よりいっそうの幸運に恵まれるでしょう。

社長は入口の対角に

90

社長は常にオフィスの奥、できればメインの入口の対角に席を置くのがいいでしょう。また、オフィスの中央部になってしまうなら、男性なら北西に、女性なら南西になるように席を置くといいでしょう。

三角形の部屋は避けて

91

三角形の部屋は職場としてはとても不吉な形です。そのような部屋で仕事していると、職場のだれかが解雇されざるを得ない状況に陥ることもあります。そのとき初めて、三角形の部屋がいかに組織にふさわしくないか気づくでしょう。

正方形の部屋がベスト

92

正方形は図形のなかで一番秩序正しくバランスのとれた形なので、とても幸運な部屋になります。部屋の真ん中奥にデスクを置き、その斜め前にドアがあるようにしましょう。

93 千羽の鳥の絵でよい取引が

絶えずよいチャンスを願っているビジネスマンにとって、千羽の鳥の絵は格段に幸運を高めてくれるよいアイテムです。風水で鳥はチャンスとよい知らせをもたらし、百羽の鳥はよい知らせが続くことを意味するのです。

94 南西の金魚で豊かに

2004年2月から始まり2024年2月まで続くピリオド8の期間、南西は水で運が高められ、とても幸運になります。ビルのなかに水を置くもっともよい方法は、元気な金魚が泳いでいる水槽を選ぶことです。9匹の金魚を入れ、そのなかの1匹は多くの成功を表す黒い金魚にするといいでしょう。

定期的にオフィスの気を再生

95

少なくとも３年に１度はオフィスの活力を回復させましょう。家具のひとつを取り除いたり新しいものと入れ替えたりして、気分を一新します。塩でエネルギーを清め、次に高山植物の香を焚き、オフィスのまわりを時計回りに３周歩きます。できれば新鮮な気を迎えるために、窓を開けましょう。

常にオフィスを十分明るく

96

いつもオフィスを明るくしておくことは、よい風水のための基本的なルールです。どのオフィスでも照明は、落ちついた明るさと快適に仕事をするのに十分な明るさの両方を持ち合わせているべきです。明るさが足りなかったり明るすぎたりする職場では、効率を高めることができない上に、陰と陽のバランスも崩れてしまいます。

97 北東に黄金の山を

風水で山と水は、幸運を高めるふたつの主要なアイテムです。山はいつも健康と人間関係の運を表しますが、同時に知恵と知識の宝庫であることも意味します。そして黄金の山は豊かさにつながる知識のしるしとなります。オフィスの北東の壁にこの黄金の山を象徴するものを作れば、組織の幸運を高めるすばらしいアイテムになるでしょう。

営業やマーケティングの打ち合わせは丸テーブルで

98

経営戦略上の打ち合わせをするとき、丸テーブルを使うと、調和のとれた協力的なエネルギーの流れを得られ、全員が納得できるベストなものが引き出されるでしょう。エネルギーが丸く流れることが幸運な結果につながるのです。

窓辺の植物は枯らさない

99

成長している植物が置ける出窓の席に座っている人は、それだけで幸運ですが、その植物の手入れはしっかりやりましょう。成長している植物は絶対に枯らさないようにします。枯れた植物が発する陰のエネルギーは、あなたの幸福と仕事に害を及ぼすことになるでしょう。

100

長方形のテーブルで成長運をもたらす

どんな組織でも、長期的な経営戦略を練るときは、長方形のテーブルで行うのが一番です。長方形のテーブルは、会社の発展と成長の運を引き寄せます。長方形は木のエレメントと連携しますが、その気は外へ上へととどまることなく成長し発展していきます。

オフィスに内階段を作らない

101

高層ビルのオフィスで、オフィスの主要部分に内階段を作るのはよくありません。エネルギーが混乱してしまうからです。ほかの階とつながる階段は、会社の主要部分の外側のエリアにつけたほうがいいでしょう。

トゲのある植物は オフィスから一掃

102

サボテンのようにトゲのある植物は、目に見えない秘密の毒矢にたとえられ、火のラインにいる人はだれでもその矢に射られてしまいます。そうなると、ささいな健康上のトラブルが悪化してほかの障害も出てくるようになり、快適なワーキングライフが望めなくなります。

103 引き出しに富の箱を作る

資産を増加させる運を引き寄せましょう。道教では富の箱を作ることを勧めているので試してみてください。日常使っている貨幣を富の箱に入れ、それから、あなたにとって特別な意味をもつ大切な物を加えます。富の箱はあなたのデスクの引き出しの中に隠し、資産の増加を象徴して、毎年何かを加えていくのです。

104 エネルギーを高めたコインで運を高める

重要なファイルに幸運の気を呼び込むにはエネルギーを高めたコインを使うのがよいでしょう。赤い紐でつなげた3つのコインをそのファイルに張り込みます。この天・地・人のエネルギーを意味するコインで、特別な3つの幸運のエネルギーを高めることができるのです。

椅子は淡い色より深い色のものを

105

オフィスの椅子は、ベージュ色より黒や暗青色、茶色が向いています。これらの色は成功を表し、幸運を増してくれるでしょう。ベージュのような淡い色では、あなたを支える強いエネルギーを引き寄せる力が足りません。

南西と北東の部屋には正方形のテーブルを

106

南西と北東の方角は土のエレメントを表します。クリスタルや磁器のように土を表すシンボルを飾っていると、その幸運の特徴が現れてきます。同様に、正方形も強力な土のエレメントなので、オフィスの南西と北東の位置に正方形のテーブルを置けば、もっとも強力な幸運を呼び込めます。

107 廊下は少なくとも1m20cmの幅を

オフィスに通路や廊下があるなら、少なくとも1m20cm〜1m50cmの幅をもたせましょう。そうすれば、よい運気がオフィス全体を快適に流れることができます。廊下が狭すぎると、考え方も同じように狭くなってしまいます。

会社のロゴは明るく照らす

108

会社の名前とロゴを明るいライトで照らすことはとても大切です。夜でも、オフィスが閉まっている間、ロゴをライトアップすることで利益がもたらされます。これは、会社の好経営の持続のために、おおいに力となってくれるでしょう。

女性社長は南西の席に

109

南西の位置にデスクを置けば、すぐにあなたの地位は強力なものになるでしょう。この方角は、あなたにトップに立つ女性のための力を与えます。明るい光、特に美しいレモン色のような黄色のクリスタルで南西の方角の運を高めると、さらに利益がもたらされるでしょう。

110 西と北西の部屋では丸テーブルを

西と北西は陽の八卦で金属の方角になります。丸い形は金属のエレメントを表すので、この方角で丸い形のものを利用すると利益がもたらされます。また、丸い形は必要なときに不意に訪れる「天」運を引き寄せる力も持っています。

111 自分の干支の方角に陣取る

干支の動物にはすべてにそれぞれの方位があります。4つの動物が基本の方角を占めます。馬は南、鼠《ねずみ》は北、兎《うさぎ》は東、とりは西です。北東にはうしと虎、南東には龍《タツ》と蛇、南西には羊と猿、北西には犬と猪《いのしし》が入ります。

オフィスの壁に時計を掛けない

112

時の風水を知っている人たちは、たいてい時計をいいものとは考えません。時の経過はマイナスの意味を含むので、時計（腕時計も含む）を飾ったり贈り物にしたりすることは好まれないのです。オフィスの壁に時計をかけることも、従業員に「時計を見ろ」と強制するようになるのでおすすめできません。

人を描いた絵を掛けない

113

オフィスに絵を掛けたいときは、幸運の意味をもつ絵を掛けましょう。動物や人を描いた絵は掛けないようにします。動物の絵は激しく攻撃的なエネルギーをもたらします。人の絵は、癒しの道具として沈んだ人の心を元気づけるかもしれませんが、オフィスは悩み多く暗い雰囲気になってしまうでしょう。

114 干支の盟友を雇う

互いによい仕事をするために、干支の相性（p.126参照）がいい人物を雇用することをお勧めします。効率が増し、オフィスによい信頼関係が築けます。だれがあなたの盟友や友達なのか確認してください。なるべくこのルールに従うとよいでしょう。

干支の天敵に注意する

115

隠れた敵意に対処するために、干支で自分の天敵を調べておきましょう。天敵となるのは、馬と鼠、龍《タツ》と犬、とりと兎、羊とうし、猿と虎、猪と蛇です。あなたの干支と正反対で衝突する干支に属している人を雇わないようにしましょう。結局、後悔することになります。

年頭に風水を新しいものに換える

116

毎年1年間の風水チャートで、つかみどころのない不幸の原因が明らかにされます。すべての場所がその不幸の素から守られなければなりません。その年の不幸の原因と救済策は、私たちのウェブサイト http://www.wofs.jp/ で見ることができます。風水を最新のものに更新することで、あなたとあなたの会社はその年の不運から守られるでしょう。

117 干支の「ハウスパートナー」を探し出す

これは干支のあまり知られてない秘密のひとつです。ベンチャー企業のパートナーと合弁を考えているなら、特にあなたと一致する干支を覚えておきましょう。

— 4 組の干支の仲間（p.95）—

龍《タツ》、鼠《ねずみ》、猿

とり、蛇、うし

羊、兎、猪

虎、犬、馬

— 一緒によい仕事ができる干支 —

鼠とうし

虎と兎

龍《タツ》と蛇

馬と羊

猿ととり

犬と猪

118

不運回避策は2月4日までに

私たちは風水を最新のものにするために、毎年2月4日から始まる太陰太陽暦という暦を使います。ぜひこのことを覚えておいてください。エネルギーが変化する時を考えて、すべての風水が更新されるのがこの日なのです。ですから不運に対抗する風水はすべてこの日までにあるべき場所に置くようにしましょう。

第3章
ガーデン

GARDEN

1 風水になくてはならない場所 それが庭です

庭はエネルギーを創造し育てる場所で、家のインテリアと同様、風水にとってとても重要な場所です。縁起のよい庭が、幸福を呼び寄せるのです。

「ブライトホール」でよい気をうちの中へ

2

大切なのは、玄関のすぐ外側に「明堂」と呼ばれるブライトホール（明るく開けたスペース p.16参照）を作ることです。小さくても広くてもかまいません。ブライトホールがあれば、外からのよい気がそこで整い、家の中に入ることができます。どんなに狭い家であっても、玄関先にはぜひブライトホールを作ってください。

正面の赤い花は「朱雀」のしるし

3

玄関先には背が低く、赤い花をつける植物を植えましょう。正面の赤い花は深紅のフォニックス＝「朱雀《すざく》」を現し、家に繁栄をもたらします。

4 幸運を呼ぶために家の左に「青龍」を作る

家の外側に向かって左側に、植木を使って青龍を作りましょう。龍の頭や肢体、尾の形に似たさまざまな植物を選び、青龍をかたどってください。花は咲いてなくてもいいです。木を選ぶとき、さまざまな形に変化させられるものを選ぶといいでしょう。

5 龍の頭のモチーフは青々とした灌木《かんぼく》で

龍の頭は、家の前に葉の茂った背の低い樹を植えて、強そうにするといいでしょう。庭の正面左側にあればベストです。多く植える必要はありませんが、生き生きとして生命力にあふれたものを植えます。そうすればよい運気をうまく高めていけるでしょう。

6 龍の尾は長い葉をもつ植物で

龍の尾を表わすために、家の裏手の特に左角（玄関の外側に向って立って左うしろ）に葉の長い植物を植えましょう。緑の龍を象徴する形が完成したら、最強の運を手に入れることができます。ただし、枝が大きく伸びすぎたら刈り込むのをお忘れなく。

7 五徳のような葉の形の植物で龍の足を

龍の足は、龍のかぎ爪のように見える植物で作るといいでしょう。家の内側からみて左側にこのような植物の鉢を4つおきます。元気に成長する龍を模《かたど》るからといって広いスペースは必要ありません。ツタ植物でも大丈夫です。

8 元気な植物は活動的な陽の気を表す

庭の植物はいつも青々として元気な状態にしておきましょう。排水を適切にして、植物によっては日当たりを好むか日陰がいいか、栄養が十分にいきわたっているかなどに気を配り、よい庭師をめざしてください。

9 ベランダを庭がわりに

マンション住まいで庭がないときは、バルコニーやベランダを庭の代わりにすることで、「木」のエネルギーの恩恵を受け、幸運を呼び込むことができます。この「木」のエネルギーはとても重要なので、その恩恵が受けられるような葉っぱや花を選びましょう。

10 室内庭園は家のエネルギーアップに役立つ

人生を発展させて豊かにしたいときは、活気に満ちた木のエネルギーが重要です。生き生きして伸び盛りの植物がいっぱいの室内庭園は、木のエネルギーを発生させるのに効果的です。それが無理であれば、家の中にいつも生花《せいか》を飾るようにしましょう。

11 水があれば暮らしに困らない

「木のエレメント」のエネルギーが重要なように、流れる水も風水ではとても大切です。「水のエレメント」は食糧と豊かさをもたらしてくれます。水は住む人の金運を常につかさどっているのです。

12

家の壁を這《は》うツル植物は不吉

風水の専門家なら、玄関の壁を這うツル植物をよいという人はいないでしょう。家中を覆ってしまうツル植物は、その形から象徴されるように、住む人のエネルギーを押しつぶして、病気や不幸を招くと考えられています。家の人が刑務所に入るようなことにもなりかねません！

13 曲がりくねった水の流れが収入運をもたらす

家に向かって流れるように作られた水の流れは、収入が家に流れ込むような気の流れを作り出します。水の流れを作るのはとてもいいことです。特に玄関に至るまでにカーブや蛇行部分をつくると、水のエネルギーがさらに幸運をためてくれるでしょう。

14 プールは富の蓄積を表す

流れる水は収入を象徴しますが、庭に囲まれ、水を湛《たた》えたプールは富の蓄積や家族の資産価値が上がることを意味します。ですから、財産を豊かにするよい風水を求めるなら、水の流れと水本体の両方をそろえることが大切です。

15 家に向かう滝の流れが本物の財産運をもたらす

庭に滝があって、その流れが玄関の方に向いていると、すばらしい財産運に恵まれます。水はいつもきれいにして、ゴボゴボ楽しげに流れてみえるようにしましょう。

水が外に流れるとお金も流れ出す

16

庭の水で風水を高めたかったら、水が外へ流れだしてみえないように気をつけましょう。あなたの財産も流れだすことになってしまいます。

南東の隅にある水は財産をもたらす

17

庭や家の南東も蓄財の運をもたらす方角と考えられています。家庭の繁栄運を確かなものにしたければ、庭の南東に水を湛えたプールを造りましょう。

東の水は長男に恩恵あり

18

庭の東の部分も、わずかな水があれば利益がもたらされます。東は長男に利益をもたらす方角です。ここには木のエレメントがあるので、そのエネルギーが水で力強くいきいきと成長し、その家の長男に利益をもたらすのです。

19 北に池を造り仕事運を高める

もっとも影響力がある風水の方式では、水は北におくといいといわれています。庭や家の中の北の方角に水をおけば、収入運が飛躍的に高まるでしょう。現代では仕事がうまくいき、成功と高収入をもたらすと考えられています。

南西に湧《わ》きでる水で財産運アップ

20

現在のピリオド8の期間（2004年2月から2024年2月まで）は、すべての建物が独特なエネルギーの流れに影響を受けるといわれていて、南西の方角の運を水で高めた人に富がもたらされます。水が地面から泡を立てて湧きでているものなら、その富の風水は間違いなくあなたを本当にお金持ちにしてくれるでしょう。

庭の水のものには植物を

21

小さな池や大きなスイミングプールなど、水で利益がもたらされる方角が庭にはいくつかあります。どんな水のものであっても、その周りに植物を植えて美しく整えましょう。生命や陽の気で満たされます。

22 水のものは玄関の真正面がベスト

水のものは玄関の真正面にあるとなみはずれて強い運をもたらします。これは、家の正面入口が「生気」であるという八宅《はったく》風水の考え方にもとづいたものです。玄関正面に水のものをおくと、その最大の力が得られ、大きな利益がもたらされるというわけです。

23 水を欲《ほっ》する龍は水の力を大きくする

水のそばに植物を植えるよりも重要なことは、龍の像を置くことです。「のどが渇き水を飲んでいる龍」は、いつでもすばらしい幸運をもたらすといわれています。その幸運の龍をまねるのです。水は龍から力を得ます。

24 水のものは地面を掘って作るのがベター

財産運を高めるために水に関係するものを作るなら、地上に池のようなものを造るのではなく、地面に穴を掘って作った方がより効果があります。

亀のいる池で家族は長寿

25

豊かな人生を長く楽しむために、庭や裏庭に亀のいる池を造るといいでしょう。彫り物の亀でも十分ですが、生きた亀ならよりエネルギーに満ち、風水の効力を高めてくれます。

玄関の右側に水をおかないように

26

家の中から外向きに立って、玄関ドアの右側に水（特に地面を掘って造った池などの水のもの）があると、家族の男性が不倫にはしることがあります。それが世帯主なら外に妾や妾の家庭を持つこともありえます。

階段の下の水は次世代に障害

27

家の中でも外でも、階段の下に水を溜めてはいけません。その家の子どもに害を及ぼすことになってしまいます。

28

鯉《こい》のいる池は富をもたらす

風水で魚は豊かさを表します。スペースがあるなら、ぜひ池を造って、日本の鯉をたくさん放しましょう。鯉の飼い方や、池の水を澄んだ状態にしておくろ過装置の作り方を研究してください。ほとんどのアジアの富豪の家には、鯉の池があるんですよ！

住んでいる家の中に池を掘らない

29

すでに住んで生活している家なら、池を造るために家の中を掘るようなことはしないでください。かわりに家の外を掘って池を造りましょう。

屋内に池を造るのは建築中だけ

30

財産運を高めるために屋内に池を造ろうと思うなら、まだだれもその家に住んでいないうちにしましょう。家を改築するときは、仮住まいに移らないと、屋内に掘られたものが逆に財産運を害することになるでしょう。

31

「金のなる木」で財運を呼び込む

葉が大きく、多肉多汁の金のなる木（クラックスなど）は、一般的にいいものとされています。このような富を運んでくるとされる樹木は、家のエントランス付近に植えるとよく、財運を高めてくれます。

32

蓮《はす》はよい精神的エネルギーをもたらす

庭にピンクや白の大きな蓮の花があると、ピュアな精神的エネルギーが満ちてきて家族に満足と調和がもたらされます。どの家でも、蓮やほかの花をつける水生植物があるとその恩恵を受けることができます。

33

南西と北東にある不穏《ふおん》な気には生垣《いけがき》を

南西と北東にある不穏な建築物の気は、植物のこんもりした生垣で鎮《しず》めることができます。生垣に使われている木のエレメントのエネルギーが、不幸の原因になるものを押さえ込んでくれるのです。

娘のためには西方に白い花を

34

家族に娘がいたら、庭の西側の角に白い花を植えることをおすすめします。白い花は娘に幸運と実りの多い結婚をもたらすでしょう。

赤い花が幸せな結婚を実現

35

もし家にふたり以上娘がいるなら（一人娘ではない場合）、南西の方角に美しい赤い花を植えると、幸せな結婚運がやってきます。男性がよい奥さんを見つけたいときは、北東の方角に赤い花を植えましょう。

南西のオレンジ色の花で母に幸運を

36

お母さんである女性のためには、特に、庭の南西の方角に気を配るといいでしょう。ここにオレンジ色の花を植えると、その女性は成功と忍耐力を手にすることができるでしょう。

37

睡蓮《すいれん》は魚のいる池をさらに活性化する

庭に魚のいる池があるなら睡蓮を植えてみてください。睡蓮が池の水に陽の気を加えて裕福と成功の運を招いてくれるでしょう。

家長に利益をもたらす北西の風鈴

38

庭の北西で鳴り響く金属の風鈴の音色は、一家の主《あるじ》の運気を高めます。そこに金属製の椅子やベンチを置くのもいいでしょう。これにより、北西の方角の、もともとのファイブエレメンツの力が強まります。

枯れ葉や枯れ枝は必ずとり除く

39

枯れ葉や枯れ枝は庭に死の気を作り出し、それが家の中に流れ込んできます。幸運の庭にしたければ、毎朝少しの時間をかけて、前日の残骸や落ち葉を全部片づけるといいでしょう。

40 定期的に枝の刈り込みを

植物や木は植えっぱなしにしないで、手入れや枝の剪《せん》定《てい》をして形を整えましょう。枝を刈り込むことで、家のエネルギーを成長させる方向や焦点をしぼることができるのです。こまめに庭を手入れすることで、すばらしい利益がもたらされるでしょう。

41 伸びすぎた灌木は家族の障害となる

ドアや窓の真正面にある木が大きくなりすぎると、成功の妨げになるので伸びすぎないように気をつけましょう。気の流れを妨げるものは、いつも見えない壁や障害物を作ってしまうものでもあるのです。

42 噴水で悪気を抑制する

南、西、南西の方角に「不穏なもの」があなたの家の方に向いていたら、入口との間に噴水を作りましょう。「不穏なもの」とは、まっすぐな道路や三角の屋根、高い建築物などのことです。

枯れ木は深刻な健康問題を招く

43

枯れた木や虫が食った木は見えないようにしましょう。家から見えるならたとえ切り株でも、住んでいる人に深刻な病気を引き起こすでしょう。家族のなかで一番影響を受けやすいのは子どもとお年寄りです。枯れた木は切り倒すのが一番です。

雑草は日々の小さな悩みの種になる

44

雑草や芝生のなかの不要な植物は、小さいけれど絶えず悩まされるような問題のもとになります。庭の不要な植物を取り除くように努めましょう。

小路《こみち》はカーブをつけて

45

もし庭に小路を造るなら、曲線を描くように造りましょう。決して玄関に直接つながる直線の小路にしてはいけません。曲がりくねった小路は、気の流れをゆるやかにやわらげてくれます。

46 広い庭の木々は陰陽のバランスを保つ

木は日当たりのいい庭に日陰をつくり、家に陰陽のちょうどよいバランスを生み出します。ただ、日陰が多くなりすぎないように気をつけないと、結局陰の気が多くなってしまいます。よいバランスを保つために、定期的に枝を切り落とすようにしましょう。

47 鳥の巣作りはすばらしいサイン

庭の軒下でも木の枝でも、鳥が巣を作っているのを見つけたら、それは庭や家がよい風水に恵まれている確かな証拠です。安全が守られ、ワクワクするようなチャンスにもたくさん恵まれるでしょう。鳥が家を共有するようになるのはすばらしいサインです。

48 キノコはよい知らせのしるし

もうひとつ、庭にキノコが生えはじめるのもよい知らせが届くすばらしいサインです。キノコが庭の真ん中で成長すれば、その知らせは家族全員にとって有益なものでしょう。キノコで幸運を引き寄せるために、作り物のキノコを庭に置く人もいます。

手入れをしない庭に陰のエネルギー

49

庭がジメジメして、暗くなったり汚れたりしないようにすることはとても大切です。植物が伸び放題で汚いものが片づいていない庭では、マイナスのエネルギーが増えて、陰の力が支配しはじめます。それによって運気が停滞することにもなります。

自然のいのちに満ちた庭で活力を

50

よい風水をもつ庭はいつも、自然の一部である人間を癒《いや》してくれます。リスが遊びにきたり、土の中にミミズなどの虫がいたり、鳥が枝から枝へ飛び回ったりしているのは、みんなよいサインです。とても元気づけられるでしょう。決して追い払ったりしないで！

カエル・ヒキガエルで財産が増える

51

庭のヒキガエルや池のカエルはすばらしい幸運を表します。中国では、家の方に向かうヒキガエルを見かけたら間もなく思いがけない大金が手に入ると信じられています。カエルを追い出したりしてはいけません！

52

鳥を招くために水盤《すいばん》を

鳥を呼び寄せるために水盤をつくるといいでしょう。水盤で庭にすばらしい陽のエネルギーが生み出され、そこに水の力が加わって、風水の力が倍増されます。

庭に来る鳥がチャンスを運んでくる

53

庭に飛んでくる鳥が多ければ多いほど風水の力はアップします。鳥はもっともすぐれた幸運のサインです。家族にチャンスをもたらし、宇宙の気が家の中に入り込んでくるための通路を開いてくれるでしょう。鳥を呼び寄せて金運をアップさせるために、南に巣箱を作るとよいでしょう。

四本脚のトカゲは財産運をもたらす

54

熱帯でなら、ときおり家の裏庭でオオトカゲを見つけることがあります。このような、オオトカゲがいる国で、庭をトカゲの自然な生息環境に近づけることができないと起こりえないのですが……もし、四本脚のトカゲを庭で見つけたら、それは幸運をもたらす龍のサインです。

55 ペットで庭に陽の気

庭があるなら、犬や猫、ウサギのようなペットを飼うといいでしょう。ペットが生き生きと動き回ったり、鳴き声を立てたりすることで、庭の陽のエネルギーが高まります。犬を飼って財産運を高めたいなら、金色の犬を飼いましょう。

黒い犬は
悪い精神的エネルギーを吸収

56

黒い犬や猫のようなペットについて、人々はさまざまな考えを持っていますが、風水では、これらは家の住人に不運をもたらす負のエネルギーを吸収して、解消する能力があると考えられています。負のエネルギーから身を守るために、黒い犬や猫を飼うといいでしょう。

松などの常緑樹は長寿の象徴

57

松や柏槙《びゃくしん》などの長寿の樹を庭に植えるだけでも、家族に健康と長寿の恩恵を与えてくれます。またこれらの常緑樹は四季を通して幸運を呼び込んでくれるものです。東に植えるのがベストです。

58 家の左側の果樹は豊かさの象徴となる

りんごやオレンジ、レモンのような果樹を育てたいと思ったら、家の左側にあたる場所に植えるといいでしょう。こうすると、果物を収穫するときに、家の左側を守る龍の運が高められることになるのです。

59 果樹は境界線の壁近くに

果樹は庭の境界線の壁の近くに植えましょう。外側からながめると家に成功のオーラがかかり、幸運が熟すようにおめでたい運勢をもたらしてくれるでしょう。

60 パイナップルは幸運の到来を意味する

トゲだらけの見かけによらず、パイナップルはとても幸運な物とされています。実が熟すとすぐに家に幸運が訪れるといわれています。中国語では、パイナップルのことを「幸運がやってくる」という意味の「オンライ」とも呼びます。

オレンジは財産運のしるし

61

中国人はいつもオレンジなどの柑橘類を金に見立てます。旧正月のお祝いのときは、みんながみかんを飾るので、あちこちみかんだらけです。オレンジのような果樹は吉運を呼びます。裏庭に植えれば、いつまでも裕福な生活が続くでしょう。

バナナは「財産運の実り」

62

中国人は、バナナが木にたわわに実っているのを幸運の象徴とみなします。「バナナ」という言葉の発音が、中国語では「財産」という音のように聞こえるため、幸運が家にやってきて財産がもたらされると考えているからです。

トゲがある植物は家から離して

63

トゲがある植物は家を守ると考えられているので、家から離れた庭の端に植えるといいでしょう。

64 家の前面に竹やぶで長寿

家の前面に、小さくてもひとつは竹やぶを作るといい庭になります。竹やぶを家の裏には作らないでください。茎がもろいので、家を守るしっかりした支えとはならないからです。竹は家の前にだけ植えましょう。

松の葉はすばらしいお香になる

65

松の葉を熱した木の上に置くと、非常に魅力的な香りを放ちます。松の木を植えれば、絶えず好い香りが放たれるようになるでしょう。その香りを宇宙にささげることで、すべての障害を打ち負かすことができるようないい香りです。成功の障害となるものを払いのけるために、定期的に松のお香を焚くといいでしょう。

香る花は庭の中心に

66

あなたが匂いのあるお花が好きなら、決して暗い隅ではなく、庭の中央に植えましょう。もしこれを忘れて隅に植えると、悪いエネルギーに変化してしまう可能性があるので注意が必要です。

67 嫉妬《しっと》や噂《うわさ》はライムが解決

あなたかあなたの家族が噂話や悪口の犠牲になったら、庭にライムの木を植えることをおすすめします。腹立たしさを解消するのに役立つでしょう。ライムを手の中でこすってから、そのライムを後ろへ、できるなら流れの速い放水路へ投げ入れます。

多肉多汁の葉は富をもたらす

68

アロエのような多肉多汁の植物は、家庭の財産を増やし安全に守ってくれると信じられています。その葉に水をたっぷり蓄えていて、何週間も水をやらなくても生き延びることができるからです。

庭には少なくとも9種類以上の植物を

69

庭には、葉物と花それぞれに、少なくとも9種類以上の植物を植えてください。これで達成運が上昇し、家族に想像以上の幸運をもたらしてくれます。

花の色は「赤」「白」「黄色」

70

葉の「緑」、水の「黒」に、これらの3色が加わることで、庭に「5色」の調和を創造することができます。5つのエレメントのどれも欠けてはいけないことを、覚えておいてください。

71 南に面した家は前面に灌木を

南に面した家は火のエレメントに恵まれているので、火を絶やさないようにすることが大事です。南に生い茂る灌木を並べて植えることで、いつも炎が燃えている状態を象徴した形にできるでしょう！

72 東に面した家には水

家が東に面していたら、毎朝日の出に臨み充実した木のエネルギーを迎え入れることができます。これはとても幸運なことで、小さな水のものか若い観葉植物を置いて木のエネルギーを絶やさないようにするといいでしょう。

73 資産を望むなら南東向きの家

南東は木のエネルギーがはたらくので、ここに池があると家庭の財産を増やす強力な助けとなります。丸みのある葉をつけた植物が加わると、なおいいでしょう。

正方形の花壇は土のエネルギーを醸成

74

土のエネルギーは、西や北西の金属のエレメントを生かします。正方形の花壇は母親と一番下の息子に利益をもたらしてくれますが、そこに黄色い花をつける植物が植えられていればベストです。

丸い花壇は天のエネルギーの装い

75

丸い花壇は、一家の主や一番下の娘に利益をもたらしてくれます。白い花を咲かせる植物が植わっていれば最高です。

長方形の花壇で運気が発展

76

長方形の花壇は南の方角によいものですが、同時に、東と南東方向にも有益です。長方形の花壇は運気を増大させ、長く家族の運を発展させてくれるでしょう。

77 庭にミスティックノットですばらしい幸運を

無限を表わす∞の象徴として、世界中の風水愛好家たちにもっとも人気があるのが、ミスティックノット（神聖紺結。p.91参照）です。この無限の象徴であるミスティックノットで、多くの人がすばらしい幸運を手にしてきたからです。

78 私道は傾斜をつけて財産運を内側へ

家につながる私道は、メイン道路からの私道を下り坂にし、その私道よりも玄関が高い位置になるようにうまく傾斜をつければ、家の外にある財産運が家の中へ流れてくるようにできます。しかし、家全体が道路の高さより低いと、その住人は財産運を手に入れられず経済的危機のような不幸な目にあうかもしれません。

私道には幸運の図案を

79

家につながる私道を飾るなら、幸運を象徴するものにしましょう。幸運のシンボルを飾ることで、家に幸運がもたらされます。長寿を象徴するものや、よい運気を意味する「福」という文字などもいいでしょう。

平らな私道がバランスのとれた風水をもたらす

80

家の駐車スペースへの私道は、アップダウンをつけるより、むしろ平らな方が理想的です。平らにすることで、家に影響を与える宇宙的な力のバランスがよくなるからです。

私道に富が流れでるような傾斜はつけない

81

家が外の道路の高さより少し高くなっているのはいいのですが、家からの私道が道路の方へ下った傾斜になっているとお金が家から流れでていってしまうでしょう。

82 成功運を左右する玄関前の水の流れ方

家が基本の方角、すなわち東、西、南、北に面していて、玄関前に溝など水が流れるものがあるときは、外に向って立って、左から右へ水が流れるようにしましょう。水の流れを反対にすると成功運がなくなるでしょう。

83 二次的方角に面した家なら水の流れは反対に

北西、北東、南西、南東など、二次的な方角に面した家なら、玄関前を通る水が右から左へ流れるようにすることでいい運に恵まれるでしょう。

84

家の入口にも植物を

植物は成長やプラスの発展をもたらしてくれるすばらしいものですが、家が南西と北東に面している場合はそうではなくなります。このような家では、木のエネルギーが入口の土のエネルギーを害してしまうからです。このような場合は、常に入口の植物を明るい光で照らすようにしましょう。

85 家の外の排水溝には必ずふたを

風水では外側に流れでる水には大きな意味があります。ですから、所有地から外に排水を流す排水溝は、家の中から見えないように完全に覆われた状態にしましょう。家の「出口」を隠してしまうように。

86 庭に通じる窓やドアをつける

庭に開いたドアや窓がある家でないと、住人は庭からの風水エネルギーを取り込めません。外から家に流れ込むような流れがあってはじめて、ピュアで宇宙的なエネルギーを、外から家の中に流れ込ませることができるのです。

87 玄関の側面にも植物を

玄関の側面に植物を植えるのはよいことです。ただし、それは小さくて花のつかない葉物、さらには絶対にトゲのない植物にしなければなりません。

夜間もライトを照らして庭の端まで明るくする

88

これは、庭に陰のエネルギーが形成され過ぎないようにする有効な方法です。庭が広いときは、特にガーデンライトが必要になってきます。

庭の陰の気を抑える

89

庭をデザインする場合は、暗くなったり日陰が多くなりすぎたりしないように注意しましょう。毎日庭の手入れをして、植物が伸び放題にならないように気をつけてください。必ずきちんと片づけてきれいにしておきましょう！

過度の陽エネルギーも有害

90

日当たりがよすぎてもよくありません。特に、エネルギーの流れをやわらげる日陰が不十分で、家が日光にさらされていると害が及びます。何本か木を選んで注意深く日陰を作りましょう。

91

背の高い木で西日を防ぐ

西日はとても強くてギラギラしているので、特によくありません。西日にさらされている部分は、西日をやわらげる葉をつけた、背の高い木で守るといいでしょう。

92

３つの頂《いただき》がある山は息子に名誉をもたらす

山の３つの頂がはっきり見えると、息子たちにすばらしい運が授けられます。玄関からあたかも３つの頂が見えるかのような形を工夫して作りましょう。そうすれば、息子たちは最高の運に恵まれるでしょう。これは子孫に利益をもたらす秘密の風水のひとつです。

庭の裏にはレンガの塀

93

家の裏や裏庭がレンガの高い塀で囲われていると、四神の黒い亀（玄武）に力強く支えられているような形にできます。

94 裏の塀に５つの頂でコミュニケーション運アップ

裏塀についての大切な風水を紹介しましょう。家を建てる業者に、塀の上に５つの頂を作るように注文してください。人間関係の運が強まって、あらゆる面で幅が広がり、あなたの思い通りの関係ができるでしょう。

95 庭の北東に金の山

北東の庭に金の山を作るのは、健康を維持するための賢い方法です。信用を得、家族を裕福にするのと同じように大切なことです。金色に塗った岩をたくさん積み重ねて金の山を作りましょう。

96 財運アップを目指して南西に水を

庭の南西の方角に池のようなものを造ってみましょう。現在の８の期間、南西に水があると、富を引きよせる「インダイレクト・スピリッツ」を惹きつけるので、豊かな財産がもたらされることにつながるのです。

南西の水は地中深く

97

風水で運を高めるために南西に池を造るなら、深く地面を掘って造りましょう。深ければ深いほど、財産運は大きくなります。できたら小さなポンプをつけて、地面から水が湧きでてくる感じを出してみましょう。

庭の水はよどまないように

98

池の水は、よどんだり緑の藻が繁殖したりしないように気をつけてください。水は流れがあって、何か生き物がいるといいでしょう。陽のエネルギーを優勢にすることができます。水がよどむと財産運は眠ってしまいます。

落ち葉は定期的に掃き清めて

99

落葉は悪い気のもとになり、特に天候によってはいやな臭いを発するようになります。落葉は毎日掃くだけでなく庭から一切取り除いてください。

100 ベランダに吊り植物

吊り下げた鉢の植物はそよ風を受けて、マンションに住む人にすばらしい利益をもたらしてくれるでしょう。木のエレメントのエネルギーが、あなたに成長し発展するためのチャンスをもたらしてくれる。そんなベランダに改造してみてください。

101 作り物の植物より本物を

作り物の植物でも木のエレメントを表すことはできますが、それは陰の気です。本物の植物は生きて成長するので、陽のエネルギーを持ち、陽の気を表します。そして直接的な利益をもたらしてくれるでしょう。

102 ベランダには水面を広くとった水を

ベランダに水を置くなら、広い水面のあるものにしましょう。財産運を作りだすのに、より効果的です。

三角の花壇は避けましょう

103

三角は火の形で、植物の木のエネルギーとぶつかり合います。また三角には、害を及ぼす不運の原因となる尖った角があります。それが玄関のドアを指していると、不幸が現実に起きてしまうことになるでしょう。

ハーブは裏庭に

104

ハーブや家庭菜園を作りたいのなら、庭の奥か裏庭にしましょう。特にあなたが有機肥料を使うのなら、家の前面はそぐいません。

塀で囲まれた庭に気配りを

105

塀で囲まれた都会の小さな庭は、大きな庭園より配慮が必要です。植物が日照不足で枯れたりしないように面倒をみなければなりません。狭い場所に陰の気が溜まっていたら、家の中しか流れる場所がなくなってしまうので、よく気をつけてください。

106 盆栽は成長を妨げます

盆栽は美しいですが、現状からの成長をストップさせてしまうことを意味します。対人関係と財運の両方が影響を受けますので、住宅や商業施設の庭に盆栽はふさわしくありません。

107 北東、北西に砂場を

庭の北東か北西に小さな砂場を造って、家の中に入り込もうとするあらゆる悪いエネルギーを吸収させましょう。現在のピリオド8の期間は北東に隠れた天の守護神がいるので、北東の砂場は必要ありません。北西は家長の方角なので、砂場に加えさらなる防御が必要です。

108 庭の正面に勝利のバナーを

これは、昔の名家で子息の成功を願って、よく行われていたものです。科挙の合格や宮廷で有力な指導者の関心や好意を集めることなどが祈願されました。息子の成功を願うときは、旗や横断幕のようなものを吊り下げて、そのまわりを植物で囲いましょう。

大きい庭園にはパーゴラを

109

ぜいたくな大きな庭を持っている人は、玄関のドアがもっともよい気になる方角にパーゴラ（あずまや、ツル棚）を造りましょう。たとえば、玄関のドアが南（火）に面していたら、パーゴラは東か南東（木）に。ドアの気を高めて家に幸運をもたらすでしょう。木が火を燃え上がらせるからです。ドアが東と南東なら、木は水で育つので北（水）のパーゴラから幸運がもたらされます。西と北西（金属）に面したドアなら南西か北東（土）に、南西か北東のドアなら南（火）にパーゴラを作るといいでしょう。

地下の庭は陰の気に注意

110

地下の庭は直射日光が不足して日陰が多く、陰の気が生じやすいです。これに対処するために、繁殖し過ぎたツタやツルなどの植物は取り除き、照明をつけて、必要に応じて庭をライトアップしましょう。

111 屋上の庭に大きな木は避けて

地面より高いところに木、とりわけ幹が太くて大きい木を植えるのはよくありません。屋上に庭を造るなら、大きな木より灌木を育てるか、小さな鉢植えを置くといいでしょう。また、屋上の庭にびっしり芝生を植えるのもよくありません。芝生を植えすぎるくらいなら何も植えないままの方がいいです。

112 屋上には池やプールもやめましょう

風水では、頂上の水は重大な危機を象徴します。庭が屋上にあるなら、花や木を植えて、土の中に池や水のものを造るのはやめましょう。地面の高さにない庭で魚を飼いたいなら、池よりも水槽で飼うのがいいでしょう。

庭に彫刻を飾るなら よく気をつけて

113

庭に彫像でアクセントをつけるなら、幸運のものか風水でなじみのあるものを選ぶといいでしょう。仏陀の小像や龍、鯉などがおすすめです。暴れる動物や脅威を感じさせるようなものはやめましょう。鋭いエッジのある現代アートのような彫刻も控えた方がいいでしょう。

114 裏庭の木は家運を強固に

左方向に龍を作るほかにやらなければならない大切なことは、家の裏に強くて背の高い木を植えることです。家の安全を守る支えになるでしょう。風水でいうと、黒い亀（玄武）に守られている状態になります。

115 木のエレメントにより成長エネルギーはもたらされる

庭の木は、成長する木のエネルギーを象徴します。木のエレメントはファイブエレメンツの中で唯一上方と外方向を象徴するエネルギーで、前進と進歩を表します。木のエレメントのエネルギーが強ければ、あなたの運も発展することになるでしょう。

枯れた植物を始末する

116

植物に感情移入しすぎないようにしてください。枯れてしまった植物は、何とか回復させようと努めるより取り除いて新しいものを入れたほうがいいのです。庭に枯れかかったり、すでに枯れてしまった植物があると、有害な気がたくさん生じて家のなかに行き渡り、住んでいる人に不幸をもたらすことになります。

ロックガーデン（岩石庭園）は平らな土地に

117

ロックガーデンは、傾斜のついた土地より水平な土地に造りましょう。地所の南西の位置にあればベストです。岩を選ぶときは形のいいものを選びましょう。尖っていたりぎざぎざになっているものは、岩が隠れた毒矢のもとになる恐れがあるのでやめましょう。

118 庭に仏陀を呼びましょう

庭に石か大理石で作られた仏陀を置いて、すばらしい精神エネルギーを醸成しましょう。草花はより鮮やかに咲き、果樹もたくさんの花をつけるでしょう。

—— 四神 ——

●黒い亀（玄武）

家を守る高い山や丘を現す。

●白虎

青龍の側より低い丘。

●青龍

ゆるやかな起伏を現す。
白虎の側より高い丘がよい。

●深紅の鳳凰

家の前にある
明るくひらけた土地。

家の周囲が理想の形にできないときは、
四神をかたどった庭づくりをしたり、
オーナメントを置くことなどで代用できる。

クアナンバー早見表

生年	男	女	生年	男	女	生年	男	女	生年	男	女
1912	7	8	1937	9	6	1962	2	4	1987	4	2
1913	6	9	1938	8	7	1963	1	5	1988	3	3
1914	5	1	1939	7	8	1964	9	6	1989	2	4
1915	4	2	1940	6	9	1965	8	7	1990	1	5
1916	3	3	1941	5	1	1966	7	8	1991	9	6
1917	2	4	1942	4	2	1967	6	9	1992	8	7
1918	1	5	1943	3	3	1968	5	1	1993	7	8
1919	9	6	1944	2	4	1969	4	2	1994	6	9
1920	8	7	1945	1	5	1970	3	3	1995	5	1
1921	7	8	1946	9	6	1971	2	4	1996	4	2
1922	6	9	1947	8	7	1972	1	5	1997	3	3
1923	5	1	1948	7	8	1973	9	6	1998	2	4
1924	4	2	1949	6	9	1974	8	7	1999	1	5
1925	3	3	1950	5	1	1975	7	8	2000	9	6
1926	2	4	1951	4	2	1976	6	9	2001	8	7
1927	1	5	1952	3	3	1977	5	1	2002	7	8
1928	9	6	1953	2	4	1978	4	2	2003	6	9
1929	8	7	1954	1	5	1979	3	3	2004	5	1
1930	7	8	1955	9	6	1980	2	4	2005	4	2
1931	6	9	1956	8	7	1981	1	5	2006	3	3
1932	5	1	1957	7	8	1982	9	6	2007	2	4
1933	4	2	1958	6	9	1983	8	7	2008	1	5
1934	3	3	1959	5	1	1984	7	8	2009	9	6
1935	2	4	1960	4	2	1985	6	9	2010	8	7
1936	1	5	1961	3	3	1986	5	1	2011	7	8

1月・2月生まれの人は、右記陰暦カレンダーを確認してください。
旧暦正月以前に生まれた人は前年のクアナンバーになります。

● 陰暦カレンダー

西暦	旧暦正月	西暦	旧暦正月	西暦	旧暦正月	西暦	旧暦正月
1912	2月18日	1937	2月11日	1962	2月5日	1987	1月29日
1913	2月6日	1938	1月31日	1963	1月25日	1988	2月17日
1914	1月26日	1939	2月19日	1964	2月13日	1989	2月6日
1915	2月14日	1940	2月8日	1965	2月2日	1990	1月27日
1916	2月3日	1941	1月27日	1966	1月21日	1991	2月15日
1917	1月23日	1942	2月15日	1967	2月9日	1992	2月4日
1918	2月11日	1943	2月5日	1968	1月30日	1993	1月23日
1919	2月1日	1944	1月25日	1969	2月17日	1994	2月10日
1920	2月20日	1945	2月13日	1970	2月6日	1995	1月31日
1921	2月8日	1946	2月2日	1971	1月27日	1996	2月19日
1922	2月28日	1947	1月22日	1972	2月15日	1997	2月7日
1923	2月16日	1948	2月10日	1973	2月3日	1998	1月28日
1924	2月5日	1949	1月29日	1974	1月23日	1999	2月16日
1925	1月24日	1950	2月17日	1975	2月11日	2000	2月5日
1926	2月13日	1951	2月6日	1976	1月31日	2001	1月24日
1927	2月2日	1952	1月27日	1977	2月18日	2002	2月12日
1928	1月23日	1953	2月14日	1978	2月7日	2003	2月1日
1929	2月10日	1954	2月3日	1979	1月28日	2004	1月22日
1930	1月30日	1955	1月24日	1980	2月16日	2005	2月9日
1931	2月17日	1956	2月12日	1981	2月5日	2006	1月29日
1932	2月6日	1957	1月31日	1982	1月25日	2007	2月18日
1933	1月26日	1958	2月18日	1983	2月13日	2008	2月7日
1934	2月14日	1959	2月8日	1984	2月2日	2009	1月26日
1935	2月4日	1960	1月28日	1985	2月20日	2010	2月14日
1936	1月24日	1961	2月15日	1986	2月9日	2011	2月3日

リリアン・トゥーの風水

アメリカ、ヨーロッパ、アジア……海外のお金持ちの家というと、ちょっとわたしたちの想像を絶するようなダイナミックな家であることがよくありますね。もし、そんな家に住んでいる知り合いがいらっしゃったら聞いてみてください。「風水やっていますか？」って。実は、そういった海外のお金持ちが日常的にしている風水、それがリリアン・トゥーの風水なのです。

リリアン・トゥーの本は、アメリカ・イギリスなどの英語圏を中心に100作以上出版されており、31言語に翻訳され、世界の多くの人々に読まれています。リリアン・トゥーは、延べ1千万部を超える記録的な部数の風水の本を世界に広めた著者として知られている、風水のグランドマスターです。

米国ハーバード大学でMBAを取得し、マレーシア初の女性の上場企業社長になり、1982年にはアジアのビジネス史上初の女性頭取になるなど、輝かしいビジネスキャリアの持ち主でもあります。

初めから風水マスターではなかったところが、欧米で多くの人々の興味を集めました。だれでも、実際に成功した人から学びたいのは同じですからね。

リリアン・トゥーの風水の魅力は、そのビジネスセンスに自ら学んだ風水を取り入れ、その効果を証明してきたものだということ、そして、何千年という歴史と伝統ある風水を、現代生活にマッチした「モダン風水」にしたことにあります。実際には役立てることのできないクラシックな知識ではなく、現実に幸運をもたらす知識、だれもがすぐに取り入れられる方法を教えてくれる。だから多くの人々がリリアンのファンになり、彼女の熱心な読者になったのです。

ところで、風水というのは何なのでしょうか？一言でいうのは難しいですが、わかりやすく言うと、自分のいる空間をパワースポットに変えるということです。今、ちまたではパワースポット巡りがブームです。わたしもパワースポット巡りは大好きです。でも、もし一番身近な自宅がパワースポットだったらどれだけ素晴らしいでしょう。それをするのが風水なのです。

フードッグで玄関に結界をつくり、南東に観葉植物を置く、そんなふうにこの本に書かれていることを1つ1つやっていくと、家の中の気の流れが変化していくのが肌で感じられます。そして、パワースポット巡りで味わうような神聖な気持ちのよさを、自宅にいながらにして感じられるようになるのです。そうなれば、自然に幸運が訪れるようになります。お金の流れも人間関係もスムーズになり、いつでも笑顔のハッピーな人生へとつながっていくのです。

まずは、本書に書かれている風水の秘訣を1つ1つ実践してみてください。気になるところからで大丈夫です。もし、わからないこと、もっと知りたいことがあったら、リリアン・トゥー公式ホームページ http://www.wofs.jp/ にアクセスしてください。日本語での問い合わせも可能ですし、新しい情報も掲載されています。

皆さまにたくさんの幸運が訪れることをお祈りいたします。

ワールド・オブ・風水ジャパン代表

田中　道明

Lillian Too（リリアン・トゥー）略歴

1946年マレーシア生まれ。世界ベストセラー作家のリストにも掲載されている世界的風水作家。100作以上の風水の著書は、世界31カ国で翻訳出版され、累計1千万部を超える売上部数を誇る。1976年、米国ハーバード大学でMBAを取得後、マレーシア初の女性上場企業社長、アジア初の女性銀行頭取となる。その後も香港の財閥、ディクソン・コンセプト社長を務めるなど、競争の激しいビジネス界での功績は今も称えられている。45歳で引退。子育てに専念する一方、執筆活動を開始。現在は、風水オンラインマガジンWOFS.com、風水コンサルタント向け講座などを運営し、隔月刊の風水雑誌“Feng Shui World”を発行。TVのパーソナリティも務める。邦訳に、『図説風水大全』（東洋書林）、『風水で成功する168のキーポイント』『風水大百科事典』『リリアン・トゥーの風水 幸運のシンボル（ガイアブックス）』（産調出版）、『リリアン・トゥー308の風水術』（サンマーク出版）、『リリアン・トゥーのフライングスター風水占い』（小学館）などがある。

『リリアン・トゥーのモダン風水』

2010年11月15日　初版第一刷発行

著　者：リリアン・トゥー
訳　者：田中道明

発行所：株式会社**オクターブ**
〒112-0002
東京都文京区小石川2-23-12　エスティビル小石川４F
電 話：03-3815-8312
FAX：03-5842-5197

装幀・デザイン：㈲ジェイアイアルテ
編集：編集工房キャパ

印刷・製本：株式会社シナノ

ISBN 978-4-89231-082-9

読者限定特別プレゼント

幸運を呼ぶ風水カード

図柄を傷つけないように、カードを点線できれいに切り取ってください。お財布やパスケースなどに入れて、肌身離さず持ち歩いてください。

上：風水一番人気。最強アイテム、**ミスティックノット**のカード。蓮の作用で気を浄化し、永遠の幸福を招いてくれます。下：**三連コイン**のカード。「福」の字とのコンビで、強い財運と幸運を呼びます。

*リリアン・トゥーの風水グッズは、風水メガモール www.fsmegamall.jp でお買い求めいただけます。